PEDAGOGIAS EMERGENTES

princípios e práticas

Dados Internacionais de Catalogação na Publicação (CIP)
(Câmara Brasileira do Livro, SP, Brasil)

Pedagogias emergentes : princípios e práticas / Maria Amélia Santoro Franco, Emerson Augusto de Medeiros, Jefferson da Silva Moreira (organizadores). – São Paulo : Cortez Editora, 2025.

Vários autores.
Bibliografia.
ISBN 978-65-5555-603-2

1. Educação 2. Pedagogia 3. Prática pedagógica 4. Professores - Formação I. Franco, Maria Amélia Santoro. II. Medeiros, Emerson Augusto de. III. Moreira, Jefferson da Silva.

25-291122 CDD-370

Índice para catálogo sistemático:

1. Pedagogia : Educação 370

Cibele Maria Dias - Bibliotecária - CRB-8/9427

Maria Amélia Santoro Franco
Emerson Augusto de Medeiros
Jefferson da Silva Moreira
(Organizadores)

PEDAGOGIAS EMERGENTES

princípios e práticas

São Paulo – SP

2025

CORTEZ EDITORA

PEDAGOGIAS EMERGENTES: PRINCÍPIOS E PRÁTICAS
Maria Amélia Santoro Franco, Emerson Augusto de Medeiros, Jefferson da Silva Moreira (org.)

Direção editorial: Miriam Cortez
Coordenação editorial: Danilo A. Q. Morales
Assistente editorial: Amarílis Oliveira
Preparação de originais: Ana Paula Luccisano
Revisão: Agnaldo Alves
Alexandre Ricardo da Cunha
Projeto gráfico e diagramação: *Linea Editora*
Capa: de Sign Arte Visual

Direitos para esta edição
CORTEZ EDITORA
Rua Bartira, 317 — Perdizes
05009-000 — São Paulo — SP
Tel.: (11) 3864-0111
e-mail: editorial@cortezeditora.com.br
www.cortezeditora.com.br

Impresso no Brasil — agosto de 2025

Notas de agradecimento

Aos autores e às autoras, por contribuírem densamente com cada capítulo e permitirem que este livro se tornasse possível.

À Universidade Federal Rural do Semiárido (Ufersa), por contribuir no custeamento da obra por meio de recurso via edital de incentivo à pesquisa, projeto de pesquisa n. PIE20001-2023.

Ao Grupo de Estudos e Pesquisas em Formação Docente (Gefor), da Ufersa, por proporcionar, a princípio, diálogos que somaram ao desejo de construção deste livro.

À Cortez Editora, pela parceria e pelo trabalho comprometido com a produção do conhecimento educacional, principalmente na construção desta obra.

Sumário

APRESENTAÇÃO

A emergência de pedagogias outras

Iniciamos a apresentação do livro *Pedagogias emergentes: princípios e práticas* sinalizando a respeito do seu processo de construção. Afinal, entendemos que toda produção acadêmica tem uma história, parte das relações que tecemos com a realidade. O processo de construção desta obra teve início no mês de julho do ano de 2024. Inicialmente, a nossa ideia era produzir um livro sobre a Pedagogia, reunindo estudos e pesquisas a respeito de um conjunto de problemáticas advindas de legislações e políticas educacionais brasileiras, que incide no funcionamento e na organização do curso de Pedagogia no Brasil, na identidade do pedagogo, bem como trazer à tona a discussão sobre o campo epistemológico da Pedagogia e seu estatuto científico. Trata-se de questões importantes, intrigantes, instigantes e primordiais, que já são colocadas em destaque no debate acadêmico brasileiro há mais de três décadas.

No entanto, ao longo de reuniões desenvolvidas para pensarmos sobre a obra, fomos refletindo, problematizando, compreendendo exigências mais prementes da atualidade. Assim, chegamos ao consenso sobre a necessidade de uma obra que pudesse apresentar novos tensionamentos, provocações e, mais do que respostas, perguntas sobre a demanda de *Outras Pedagogias* para o contexto educacional contemporâneo. Desse modo, foi tomando corpo entre os organizadores a ideia de que o livro estaria muito mais voltado à problematização das Pedagogias Emergentes que são requeridas por outros sujeitos sociais, historicamente invisibilizados, os quais questionam os fundamentos da Pedagogia Moderna e sua não resposta para questões que os interpelam na vida cotidiana.

Nesse cenário, ressaltamos a diversidade de estudantes que têm adentrado o contexto da educação superior, sobretudo, por meio da adoção das políticas afirmativas e de reserva de vagas para estudantes negros, indígenas, quilombolas, oriundos das escolas públicas e, mais recentemente, pessoas travestis e transexuais. Esses "outros sujeitos" que adentram o espaço universitário requerem que as suas histórias, os seus saberes, os seus modos de vida sejam reconhecidos e valorizados no ambiente acadêmico. Por isso, a nossa perspectiva em pensar sobre *Pedagogias Emergentes* se basilou, especificamente, na possibilidade de aprofundar a reflexão sobre novas epistemologias para esses grupos sociais.

Ao longo das reuniões de organização do livro, nós três (os organizadores) fizemos uma pesquisa para a delimitação dos conceitos de Pedagogia, Pedagogia Crítica e Pedagogias Emergentes. Assim, chegamos à conclusão de que as Pedagogias Emergentes colocam em foco os sujeitos sociais. Cabe lembrar, todavia, que nem todas as Pedagogias que se denominam emergentes o são. Há aquelas que são "oportunistas", alinhadas às perspectivas neoliberais e empresariais, buscando manter o *status quo* da sociedade. As Pedagogias Emergentes, na nossa visão, estão alicerçadas nas pautas de grupos sociais marginalizados. São aquelas comprometidas com a valorização dos saberes, das histórias e das pautas de grupos sociais que estiveram alijados dos processos educativos no âmbito da escola moderna.

As Pedagogias Emergentes são aqui concebidas como *práxis* pedagógicas (no plural) que interrogam os cânones da modernidade, passando a expressar as histórias, as vozes e as lutas de grupos subalternizados e historicamente excluídos, evidenciando os seus modos de viver como elementos válidos e importantes para o campo educacional. Nesse sentido, as Pedagogias Emergentes buscam evidenciar outras formas de fazeres educativos, que revelem as experiências, os saberes e os modos de vida de outros sujeitos, abrindo deslocamentos e giros epistemológicos outros nas formas de pensar a produção do conhecimento, induzindo a outras maneiras de construção de saberes, em articulação com os conhecimentos historicamente construídos pela humanidade.

Cabe lembrar que a Pedagogia Moderna foi historicamente comprometida a viabilizar a educação da elite para a elite, segregando povos, seus modos e manifestações culturais, fatos esses evidenciados, especialmente, nos currículos escolares e nas práticas educativas. À medida que os sujeitos silenciados começaram a se organizar em vozes potentes e articuladas, criou-se a urgência de configuração de novas teorias e práticas pedagógicas que pudessem romper com esse sistema opressor, possibilitando a expressão das diversidades como elemento constituinte da vida humana.

Tendo isso em vista, o objetivo do livro é discutir a epistemologia da Pedagogia na sua perspectiva crítica e abrir espaços para a compreensão de novos horizontes epistemológicos expressos nas Pedagogias Emergentes Contemporâneas (PEC). Entre elas, citamos: a Pedagogia Decolonial e Intercultural; as Ecopedagogias para a justiça socioambiental; a Pedagogia do Sentido; a Pedagogia do Brincar; a Pedagogia Criativa; a Pedagogia para as relações étnico-raciais, entre outras.

Estamos conscientes de que este livro não esgota o debate sobre as Pedagogias Emergentes. Pelo contrário, abre espaços e caminhos para novos movimentos, estudos e pesquisas que estão produzindo conhecimento de novas Pedagogias, que dialogam com as histórias de vida, as lutas históricas e as identidades de diferentes sujeitos. Partindo dessa ideia, dialogamos com pesquisadores que estão vinculados a essa perspectiva emancipatória da Pedagogia e, então, trazemos algumas colaborações que foram possíveis neste momento.

Abrindo o livro, temos o capítulo escrito por Maria Amélia Santoro Franco e Jefferson da Silva Moreira, intitulado "Da Pedagogia Crítica às Pedagogias Emergentes: uma utopia necessária?". Nele, os pesquisadores tecem discussões contemporâneas sobre os fundamentos epistemológicos da Pedagogia Crítica e suas articulações com as Pedagogias Emergentes, pensadas a partir das pautas específicas de grupos sociais excluídos de maneira histórica, numa sociedade marcadamente desigual, com interesses antagônicos e relações sociais pautadas em processos de opressão e dominação. Os autores concluem o capítulo apontando que há pontos epistemológicos importantes que estruturam os fundamentos da Pedagogia Crítica, assim como as Pedagogias Emergentes possuem outros fundamentos que se agregam aos da Pedagogia Crítica. Ambos, conceitos e práxis, são complementares e se coadunam ao momento atual.

O capítulo 2, "Repensando Paulo Freire, sua Pedagogia Crítica e a política do pós-colonialismo", de autoria de Henry Armand Giroux, estudioso da Pedagogia Crítica e um dos primeiros pesquisadores da área nos Estados Unidos, tece reflexões relevantes, como indica o título, sobre a Pedagogia de Paulo Freire e a Política do Pós-Colonialismo. Nesse sentido, ao longo do texto, o pesquisador destaca que, em todo o mundo, muitas sociedades profundamente enraizadas em práticas coloniais e no racismo sistêmico estão novamente a invocar a linguagem desumanizadora da opressão colonial para justificar a exclusão e a violência. Defende que a obra de Paulo Freire assume uma relevância extraordinária e urgente. Considera, assim, que a sua pedagogia revolucionária fornece uma estrutura poderosa para desmantelar as ideologias que sustentam o colonialismo e a opressão sistêmica. Giroux conclui suas reflexões apontando que a Pedagogia de Freire representa um roteiro vital para a recuperação da capacidade de ação, para a promoção de uma política de resistência e para o desenvolvimento de valores anticapitalistas que confrontam a opressão e preveem possibilidades de transformação.

O capítulo 3, intitulado "Perspectiva decolonial e intercultural: por uma Pedagogia insurgente", de autoria da professora Vera Maria

Candau, referência nacional nessa discussão, discorre sobre os fundamentos da perspectiva decolonial e intercultural, considerando-a uma Pedagogia insurgente. Para Candau, Pedagogias insurgentes são capazes de desestabilizar, desconstruir, criar, construir e propor, bem como identificar perspectivas teórico-práticas que apontem para outro horizonte de sentido, outras formas de desenvolver processos educacionais que se confrontem com as tendências dominantes, marcadas pela lógica da modernidade, centrada na racionalidade, no universalismo e no eurocentrismo. Para a autora, estamos vivendo um momento histórico desafiador. A matriz moderna continua vigente com força renovada e adquirindo novas maneiras de expressão. Globalização, neoliberalismo, mercantilização, desigualdades, desumanização são algumas de suas características. Finaliza seus escritos com uma convocação à insurgência que permita superar a perspectiva moderna e colonial vigente na nossa sociedade e nos processos educacionais.

"Ecopedagogias decoloniais para a cidadania global e a justiça socioambiental" é o título do capítulo 4, de autoria de João Colares da Mota Neto e Danilo Romeu Streck. No decorrer do texto, os autores apresentam algumas reflexões epistemológicas e ecoético-políticas sobre as chamadas "ecopedagogias decoloniais" comprometidas com um projeto civilizatório, marcado pela cidadania global e pela justiça socioambiental. Os autores concluem suas reflexões apontando que as ecopedagogias decoloniais não veem os povos como objeto de conhecimento, mas como criadores de práticas epistêmicas e políticas de afirmação da vida. Cabe aos intelectuais das universidades despirem-se do seu ego soberano para que possam entender que toda a soberania reside nas teias da vida, na terra, nas águas, nas florestas, nas folhas e no planeta.

David Moises Barreto dos Santos, no capítulo 5, intitulado "Pedagogia do Sentido na Vida: princípios, saberes e práticas", discorre sobre os seus fundamentos e a concebe como uma concepção pedagógica inspirada no pensamento fenomenológico-existencial-humanista de Viktor Frankl (1905-1997), neuropsiquiatra e filósofo austríaco, sobrevivente de quatro campos de concentração, professor da Universidade de Viena e fundador da Logoterapia e Análise Existencial. Ela tem como centro o desenvolvimento integral do ser humano, que é permanentemente orientado para um sentido na vida, isto é, uma tarefa pessoal e única, que remete a algo ou alguém diferente de si mesmo, perante cada situação concreta da existência. O autor defende que a Pedagogia do Sentido na Vida nasce como uma proposta para os desafios contemporâneos da existência e da educação. E exige uma visão que vá além do mero acúmulo de conhecimentos e habilidades, abrangendo o ser humano em sua totalidade, em sua busca profunda por sentido, que é um vetor central do seu desenvolvimento.

O capítulo 6, de autoria de Osmar Hélio Alves Araújo, Ivan Fortunato e Emerson Augusto de Medeiros, utiliza a metáfora "Ser Professor e os sentidos de uma Pedagogia Criativa — que nem João-de-Barro" para discutir a Pedagogia de todas as pessoas que exercem, ou exercerão, a docência como um processo criativo, construtor e cativante, capaz de transcender caminhos já rotulados por definições teóricas. As letras "S" e "P" (em "Ser" e "Professor") estão dispostas aí de forma maiúscula de modo proposital, pois visam representar aqueles que escolhem "Ser Professor — que nem João-de-Barro", cujos nomes possivelmente jamais figurarão na lista dos educadores "mais influentes do mundo", mas que, a cada dia, na inquietude de suas ações, pouco a pouco, insistem em humanizar, a si e ao outro. Dentre as conclusões apresentadas pelos pesquisadores, está o destaque de que uma das lições mais dolorosas que o joão-de-barro nos ensina é a necessidade implacável de cada um ser o que é, a fim de inspirar o outro. Frequentemente, nos vemos imersos no hábito de imitar os demais, priorizando o culto das aparências em vez das essências. Talvez essa seja a parte mais difícil na Pedagogia tal qual joão-de-barro: ser aquilo que se é e, assim, viver e não apenas sobreviver.

O capítulo 7, de autoria de Marta Alencar dos Santos, intitulado "Enegrecendo a Pedagogia: culturas das infâncias negras em perspectiva", a partir de discussões e provocações realizadas pelo Movimento Negro e em diálogo com as culturas (re)produzidas pelas crianças negras pequenas, propõe-se a refletir sobre as bases epistemológicas da

Pedagogia, abrindo possibilidades para reinterpretá-la e ressignificá-la numa perspectiva decolonial, antirracista e menos adultocêntrica, em que os saberes das crianças negras pequenas sejam acolhidos e tomados como orientadores de epistemologias pedagógicas outras. A autora conclui que as culturas infantis das crianças negras pequenas trazem uma rica contribuição para o campo da Pedagogia, apresentando uma perspectiva epistemológica que valoriza a diversidade de saberes e experiências gerados em suas vivências cotidianas. Essas culturas desafiam visões adultocêntricas e eurocêntricas da educação, ao destacar as crianças como agentes ativos, que criam e recriam significados e práticas culturais próprias.

O capítulo 8, intitulado "A Pedagogia do Brincar: princípios e práticas", de autoria de Silvia Cinelli Quaranta, discorre que, ao pensar em uma Pedagogia do Brincar, em geral, a primeira coisa que nos vem à mente são crianças brincando na escola, rindo, correndo e criando. É certo que essas situações ocorrerão, porém, não é por esse prisma que, no texto, o brincar será observado. O ponto de partida será o professor, bem como sua prática pedagógica. Para a autora, brincar não é uma atividade exclusiva da criança, acontece em todas as faixas etárias, de diferentes modos e contextos, e se apresenta de modo diferenciado na espécie humana por envolver capacidades mentais superiores. O brincar que acontece na escola, com intencionalidade e dentro de uma práxis na qual o objeto primeiro é o professor, sua prática pedagógica e a teoria que o sustenta, é diferente da perspectiva do brincar em uma clínica de Psicologia ou de um *setting* psicopedagógico. Ele é um brincar pedagógico, desenvolvido a partir de uma Pedagogia do Brincar.

O último capítulo do livro, produzido por Simone do Nascimento Nogueira, cujo título é "A Pedagogia da Escuta na perspectiva freiriana — constituindo a escuta pedagógica", dialoga sobre uma Pedagogia da Escuta na concepção de Paulo Freire. A autora assume a Pedagogia como ciência da educação, uma ciência que nos possibilita pressupor a necessária intercomunicação entre pesquisa e transformação, entre teoria e prática, entre consciência e intencionalidade. Além disso, defende os pressupostos da Pedagogia Crítica, do ponto de vista freiriano, para cientificizar a escuta como um conhecimento, por meio da pesquisa e do confronto teoria e prática, com a intencionalidade de qualificá-la. Para Simone, a Pedagogia da Escuta sob a perspectiva freiriana, a partir da escuta pedagógica, trouxe contribuições que evidenciaram a necessidade de avançarmos na construção de práticas docentes que respeitem a fala de crianças, jovens e adultos. Na visão da autora, podemos, dialogando verdadeiramente com o outro, escutando-o com amorosidade, empatia e respeito, estimular, no contexto dos espaços em que a educação se materializa, a solidariedade, promover a participação e a colaboração.

Esperamos que as reflexões apresentadas neste livro possam gerar novos questionamentos, interrogações e, quiçá, a produção de novos conhecimentos sobre Pedagogias Outras, com possibilidades de reinvenção e movimentos de insurgências e resistências!

Os organizadores
Santos (SP), Feira de Santana (BA), Mossoró (RN), 10 de maio de 2025.

CAPÍTULO 1

Da Pedagogia Crítica às Pedagogias Emergentes:

uma utopia necessária?

Maria Amélia Santoro Franco
Jefferson da Silva Moreira

Introdução

Este capítulo objetiva trazer à baila uma discussão contemporânea sobre os fundamentos epistemológicos da Pedagogia Crítica e suas articulações com as Pedagogias Emergentes, pensadas a partir das pautas específicas de grupos sociais historicamente excluídos numa sociedade marcadamente desigual, com interesses antagônicos e relações sociais pautadas em processos de opressão e dominação.

As Pedagogias Emergentes são aqui concebidas como *práxis* pedagógicas (no plural) que interrogam os cânones da modernidade, passando a expressar as histórias, as vozes e as lutas de grupos subalternizados e historicamente excluídos, evidenciando os seus modos de viver como elementos válidos e importantes para o campo educacional. Nesse sentido, as Pedagogias Emergentes buscam evidenciar outras formas de fazeres educativos que revelem as experiências, os saberes e os modos de vida de outros sujeitos, abrindo deslocamentos e giros epistemológicos outros nos modos de pensar a produção de conhecimento, induzindo a outras maneiras de construção de saberes, em articulação com os conhecimentos historicamente construídos pela humanidade.

Assim, cabe destacar que as reivindicações de grupos historicamente marginalizados para que suas histórias e trajetórias de vida também sejam contadas e incorporadas aos currículos escolares e às práticas pedagógicas requerem a construção de outras Pedagogias, as quais emergem das próprias especificidades, necessidades e modos característicos de vida desses indivíduos.

A Pedagogia Moderna foi historicamente comprometida a viabilizar a educação da elite para a elite, segregando povos, seus modos e manifestações culturais, fato esse evidenciado, especialmente, nos currículos escolares e nas práticas educativas. À medida que os sujeitos silenciados começam a se organizar em vozes potentes e articuladas, cria-se a urgência de configuração de novas teorias e práticas pedagógicas que possam romper com esse sistema opressor, possibilitando a expressão das diversidades como elemento constituinte da vida humana.

Tomando como parâmetro esses princípios, este capítulo se propõe a questionar os fundamentos da Pedagogia Moderna, evidenciando suas contradições e limitações para corresponder às demandas emergentes que esses grupos sociais possuem como direito de que sejam reconhecidos e validados. Para tanto, a questão que nos guia neste capítulo é: *como os fundamentos epistemológicos da Pedagogia Crítica podem contribuir para produzir reflexões e práticas com as Pedagogias Sociais Emergentes?*

O texto está organizado em cinco seções. Na introdução em destaque, evidenciamos o objetivo, a questão de pesquisa e os fundamentos teórico-epistemológicos orientadores do estudo. A seção na sequência trata dos princípios da Pedagogia Crítica e dos seus fundamentos epistemológicos. A seção intitulada "Incorporaçoes históricas que produziram novas interpretações à Pedagogia Crítica" realça o papel das teorias crítico-reprodutivistas e da abordagem materialista histórico-dialética e marxiana como elementos centrais dessa abordagem. Já a seção seguinte trata dos princípios das Pedagogias Emergentes e das suas proposições teóricas em corresponder às necessidades e às perspectivas anunciadas por diferentes grupos e movimentos sociais. Por fim, as considerações finais, em que apresentamos respostas para a questão de pesquisa anunciada, bem como os apontamentos de pautas específicas de pesquisa a serem assumidas pelos que se preocupam com tais questões.

Esta pesquisa se desenvolve a partir de metanálises de investigações críticas já produzidas pelos autores (Franco; Moreira, 2023; Franco, 2022; Franco, 2021), acrescidas de novas compreensões advindas de análise de outros autores que agregam e enriquecem o espaço de conhecimento das Pedagogias Críticas, em articulação com os recentes movimentos sociais que têm colocado em cena novos sujeitos e novos cenários analíticos.

Pedagogia Crítica: princípios e fundamentos epistemológicos

Historicamente, pode-se afirmar que nem toda teoria social crítica corporificou-se em uma Pedagogia Crítica.[1] Há teorias sociais críticas que provêm da Sociologia, da Filosofia ou mesmo da Antropologia, ou da própria Pedagogia, que subsidiaram perspectivas críticas à Pedagogia, mas não se corporificaram em uma Pedagogia Crítica. Consideramos que as teorias da educação modulam referenciais para a configuração de processos de formação humana, cabendo à Pedagogia, como ciência da práxis educativa (da/para a educação), organizar, avaliar e perseguir práticas que permitam a busca de compreensão teórica e prática desses processos educativo-formativos.

1. Texto parcialmente adaptado de Franco (2020).

Paulo Freire foi aquele que, incorporando teorias sociais críticas que compuseram sua formação, organizou a perspectiva epistemológica da Pedagogia Crítica, como conceito e como práxis. Ele foi o autor de uma prática pedagógica que consolida uma teoria, e de uma teoria que se retifica e se robustece com a prática.

A teoria crítica da educação e a Pedagogia Crítica referem-se a determinadas formas de pensar o ato educativo e de organizar a prática educativa concreta (Libâneo, 1998), considerando que as articulações entre a educação e a sociedade devem se compor por meio de problematização permanente. Nesse sentido, a Pedagogia Crítica diz respeito à teoria e à prática do processo de formação humana que compreende não só a apropriação de conhecimentos, mas também a construção de ideias, conceitos, valores, atitudes para a emancipação dos sujeitos e a transformação das relações de dominação nas sociedades desiguais.

A necessidade de uma Pedagogia Crítica se impõe devido às grandes desigualdades sociais que caracterizam a sociedade mundial, especialmente a brasileira. Seus pressupostos epistemológicos partem da crítica da sociedade injusta e desigual, e do papel da educação como instrumento de democracia social, propondo a educação como instrumento de transformação das condições opressoras. Nessa perspectiva crítica, estão abrigadas propostas pedagógicas que orientam ações educativas que devem contribuir para a formação crítica dos sujeitos através de processos dialógicos de problematização da realidade, bem como da compreensão e da ação transformadora das relações sociais de dominação. A ênfase na crítica da organização da sociedade desigual e no papel crítico e transformador da educação tem como fundamento teórico a teoria marxista.

Consideramos que Marx e Engels compõem o pano de fundo da Pedagogia Crítica proposta por Freire, uma vez que, a partir deles, consolidou-se a ideia de que as formas de concretização da educação emergem da realidade socioeconômica e da luta de classe que caracteriza e sustenta essa mesma realidade. A partir de Freire, não mais caberá à Pedagogia ser uma atividade neutra, um aparelho reprodutor da lógica do Estado, mas será necessariamente uma prática que absorve em seu fazer social a dialeticidade da realidade sócio-histórica, conforme bases teóricas lançadas por Marx e Engels e atualizadas como práxis pedagógica em Freire.

Dessa forma, após a *Pedagogia do oprimido* e demais trabalhos de Freire, pelo menos duas considerações estruturam a prática pedagógica:

a) *A prática pedagógica precisa absorver o complexo sentido da dialética da práxis social*: a prática, que nega a práxis, nega o sentido partilhado da vida coletiva; desconsidera as circunstâncias do tempo histórico. Schmied-Kowarzik considera que esta é a grande revolução teórica provinda de Marx, e reafirmada por Freire, ou seja: a de reconhecer na práxis social o fundamento de todo desenvolvimento histórico, alertando para o fato de que os homens não podem se realizar como produtores de suas condições de vida, mas inversamente, que as condições de vida, isto é, as imposições de fato das condições de produção, o poder político e jurídico das relações de dominação, "a capacidade enganadora da ideologia — determinam os homens em sua atividade a partir do exterior, como estranhos" (Schmied-Kowarzik, 1983, p. 43).

Cabe esclarecer, como o faz Kosik, que quando falamos em práxis no sentido do materialismo histórico, não podemos nos referir a uma atividade prática que se contrapõe, ou se complementa, ou que se instala ao lado ou contraposta à teoria. A práxis, a partir de Marx e reafirmada por Freire, é a certeza do homem como produtor de sua realidade social, portanto, o único que pode compreendê-la. Logo, a práxis é ativa, "é atividade que se produz historicamente, quer dizer, que se renova continuamente e se constitui praticamente — unidade do homem e do mundo, da matéria e do espírito, de sujeito e objeto, do produto e da produtividade" (Kosik, 1995, p. 222).

b) *A Pedagogia passa a assumir uma função fundamentalmente política e uma epistemologia essencialmente fundada na dialética:* para a Pedagogia, a partir da compreensão desse significado de práxis, decorre uma transformação radical em sua posição como ciência da sociedade, eminentemente política e essencialmente dialética, quer na construção de sua epistemologia, quer no seu exercício como ciência, na construção de seu objeto e na realização de sua prática. A Pedagogia será aquela prática social que se destina à formação de indivíduos inseridos na práxis social, conscientes de seu papel na construção da realidade, entendido como domínio da natureza e como exercício de liberdade, concomitantemente.

Essa tarefa, de formar indivíduos *na e para a práxis*, conscientes de seu papel na conformação e na transformação da realidade *sócio-histórica*, exige um trabalho educacional crítico, que pressupõe sempre uma ação coletiva pela qual os indivíduos tomarão consciência do que é possível e necessário, a cada um, na formação e no controle da constituição do modo coletivo de vida. A essência dessa tarefa é eminentemente política, social e emancipatória.

Paulo Freire organizou uma Pedagogia que dá conta de uma teoria. A prática dessa Pedagogia, ao se consolidar, absorveu e foi absorvida por outras teorias que à época emergiram (décadas finais do século passado) e que iremos tratar a seguir.

Essa é uma das questões que estamos revendo neste capítulo, com vista a estruturar as articulações entre os pressupostos da Pedagogia Crítica proposta por Freire e as incorporações que estão sendo feitas para novas compreensões às Pedagogias que emergem como movimentos sociais necessários à resistência e às insurgências frente à sociedade capitalista neoliberal em que vivemos.

Incorporações históricas que produziram novas interpretações à Pedagogia Crítica

As ampliações posteriores do pensamento de Marx por outros pesquisadores deram à Pedagogia Crítica amplas e frutíferas contribuições. Pode-se lembrar de Bourdieu e Passeron (1975), que, partindo da análise crítica da sociedade capitalista na França, alertam para a questão da reprodução social, ou seja, para além da reprodução da cultura há a reprodução dos significados ideológicos da cultura; e as instituições escolares teriam a função de perpetuar a própria estrutura social hierarquizada, com os significados elaborados pela classe dominante, fazendo com que o sistema educacional, ao transmitir a cultura de poder e os privilégios dessa classe, camufle essa função sob uma aparência de neutralidade, de apoliticidade, reproduzindo como cultura universal a ideologia da classe dominante. O impacto da análise desses autores é grande, uma vez que irá redirecionar, entre outras coisas, o sentido de educação popular, contribuir para uma reinterpretação da questão do fracasso escolar, introduzir um olhar mais crítico na questão da organização dos currículos e produzir outras teorias que expandem e aprofundam essa questão. A Pedagogia do Oprimido é uma luz para a reinterpretação da teoria da reprodução social.

Seguiram-se muitos outros estudos que procuraram dar continuidade a essa interpretação da dinâmica de funcionamento dos sistemas sociais. Desses estudos, realçamos Althusser (1980) e Baudelot e Establet (1971), que procuraram identificar os verdadeiros mecanismos que produzem e mantêm as estruturas de desigualdade social preservadas e perpetuadas sob a aparência de igualdade e semelhança. É fundamental a análise que Althusser faz caracterizando a escola como Aparelho Ideológico do Estado (AIE).

Poulantzas e Establet analisam que a escola e outras instituições de socialização, na realidade, não criam a divisão em classes, mas contribuem para ela e a reproduzem. A escola seria um mecanismo de reforço da própria relação capitalista. Ou como escreve Freitag:

> Assim a escola, na medida em que qualifica os indivíduos para o trabalho, inculca-lhes uma certa ideologia que os faz aceitar sua condição de classe, sujeitando-os ao mesmo tempo ao esquema de dominação vigente [...] ou mais adiante: é, pois, a escola que transmite as formas de justificação da divisão de trabalho vigente, levando os indivíduos

> a aceitarem, com docilidade, sua condição de explorados, ou a adquirirem o instrumental necessário para exploração da classe dominada (Freitag, 1984, p. 34).

Outra grande contribuição, decorrente desse eixo marxista do papel da escola, da sociedade e da Pedagogia, é a de Gramsci, que repensa os princípios metodológicos do marxismo e oferece à luta de classes um papel emancipatório.

Gramsci, revendo a teoria marxista, interpreta que é possível transformar a realidade através da construção de um novo partido (revolucionário e proletariado), o qual construa uma hegemonia cultural que, na ação, transforma-se em hegemonia política e, dessa forma, possa ir minando a ideologia da classe dominante.

Como se percebe, o papel da Pedagogia é fundamental em Gramsci, pois a hegemonia cultural se constrói na ação educativa, de várias instituições sociais que educam no amplo sentido, formando os "intelectuais orgânicos" e produzindo uma profunda mediação entre cultura e consciência crítica.

Gramsci será, conforme Freitag (1984), o autor que atribui à escola e a outras instituições da sociedade civil (aos AIEs de Althusser) a dupla função dialética e estratégica de conservar e minar as estruturas capitalistas. Desse modo, seus estudos favorecem a entrada em cena de uma Pedagogia do Oprimido, bem como permitem ainda a organização institucional do processo emancipatório, à medida que a contraideologia se constrói e faz circular, ao lado da cultura dominante, uma nova concepção de mundo e educação, produzindo, evidenciando e tornando pedagógicas as contradições aí imanentes.

É por isso que Gramsci (1973) considera que toda relação de hegemonia é sempre uma relação pedagógica, o que confere à educação um papel eminentemente político, uma vez que o controle da circulação das hegemonias, nos sistemas educacionais, será sempre um fator decisivo nas mediações das forças presentes na luta de classes.

A teoria de Gramsci reforça e reafirma a Pedagogia do Oprimido ao realçar o caráter eminentemente político de reorganizar, através de uma Pedagogia que carregue o interesse dos oprimidos, a contraideologia. A contraideologia terá a função de divulgar uma nova concepção de mundo, sob a ótica dos excluídos do raio de cobertura da classe dominante. Assim, corroendo, destruindo, dando novas interpretações à cultura hegemônica da classe dominante, poderá abrir espaços para um processo emancipatório que implicará um novo jogo de forças na luta de classes. Esse processo dialético e revolucionário poderá ser semente de transformações históricas, que podem conduzir a um mundo com mais inclusões, igualdade e possibilidades de convivência humana.

A partir especialmente de Marx, Gramsci e Freire, pode-se construir a grande utopia revolucionária da Pedagogia, de acreditar que será possível transformar o mundo através da transformação das consciências; e essa tarefa se fará por meio de um trabalho pedagógico comprometido com as classes populares e com a construção de uma sociedade mais justa. Realça-se aqui o trabalho de educadores como intelectuais orgânicos, responsáveis pela reelaboração e pela distribuição da ideologia da classe dominante, e dos pedagogos como intelectuais críticos, na recondução e na reorganização da classe dos educadores em torno da utopia de reconstrução da sociedade.

Essas incorporações epistemológicas, envolvidas com as mudanças sociais e políticas na sociedade contemporânea, abrem um espaço de possibilidades a movimentos sociais insurgentes que exigem participação e reparações à sua invisibilidade e ao silenciamento histórico.

Franco (2001, p. 97) realça em sua tese que os movimentos políticos decorrentes do "Maio de 1968" no mundo catalisaram impulsos, ondas de rompimentos à cultura hegemônica. Assim, afirma que o movimento de 1968 colocou a Pedagogia às voltas com sua identidade e trouxe antigos problemas que começarão a ser ressignificados:

a) a estreita relação entre educação, sociedade e política; e a possibilidade de busca de uma sociedade mais justa e humana alavancada pela educação: a Pedagogia não só deve assumir-se como função política, mas também como uma função pautada na emancipação dos homens, na igualdade, na inclusão, na humanidade. É o retorno a uma possível Pedagogia da Utopia;

b) para poder dar conta de realizar essa utopia, a Pedagogia deverá definir-se e exercer-se como uma ciência própria que, liberta dos grilhões de uma ciência clássica e da opressão da proposta epistemológica de suas ciências auxiliares, possa se assumir como uma ciência que não apenas pensa, teoriza, mas, sobretudo, organiza condições de realizar um fazer diferente, compatível com a expectativa da emancipação, e caminhar sempre no sentido da transformação, para uma sociedade que cada vez mais humanize e dignifique o homem. Deve a Pedagogia caminhar num espaço aberto continuamente pela crítica, pela autocrítica, criando espaços e movimentos libertadores, em sua concepção epistemológica, em sua metodologia de pesquisa, em seu fazer social;

c) novas demandas devem ser incorporadas à ciência da educação: sabendo-se política, sabendo-se que deve estar alinhada com uma direção, deve tornar-se um processo de formação de consciências, de mediação de interesses, e de defesa e criação de mecanismos democráticos, participativos, inclusivos.

Assim, a ciência crítica da educação deve orientar-se no sentido de analisar as condições sociais de produção das práticas educativas, bem como as necessidades políticas que induzem/incentivam a utilização dessas práticas. E mais, como teoria construtiva da prática, deve alertar sobre os convenientes políticos dessa prática e, através de um processo crítico, autocrítico, coletivo, engendrar mudanças à prática, libertando a educação de estar à mercê de interesses políticos e de poder que não satisfazem a emancipação do coletivo.

Percebe-se claramente que essa concepção de educação vai além do conceito humanista por agregar dois novos estruturantes: a questão do coletivo como foco de formação; e a questão da dimensão construtiva da crítica ideológica. Ou seja, a concepção humanista atinha-se à compreensão contextualizada da prática educativa; já a ciência crítica, além de compreender, propõe a crítica ideológica e a transformação coletiva das práticas, num processo crescente de conscientização e emancipação dos sujeitos e das representações sociais.

Pedagogias Emergentes: tensionamentos históricos e novas perspectivas epistemológicas

O movimento de contracultura, que começou na década de 1960, marcado por diversas mudanças culturais, de comportamento e de manifestações estudantis e políticas, iniciado nos Estados Unidos, espalhando-se por países ocidentais, depois aos comunistas, como a Polônia, chegando ao Oriente Médio e à América Latina, para terminar no México, foi um elemento impulsionador para dar visibilidade a outras perspectivas epistemológicas e compreensões no âmbito das produções acadêmicas, da ciência, afetando, também, o campo educacional.

As discussões sobre as novas epistemologias e os sinais de crise e exaustão do paradigma da Ciência Moderna[2] para corresponder às novas demandas emergentes eclodiram em novos modos de fazer ciência, pautada numa perspectiva de integração, reconhecimento e validação de saberes e conhecimentos de grupos historicamente marginalizados. Enquanto a Ciência Moderna desprezou o valor da experiência na produção do saber, os novos estudos colocaram em evidência a ideia de que todo o conhecimento científico é autobiográfico, revelando as trajetórias de vida pessoais e coletivas das pessoas implicadas no fazer ciência (Santos, 2013).

---

2. Vale destacar o nosso reconhecimento da contribuição da grande importância da modernidade e do paradigma da Ciência Moderna para o avanço do conhecimento na humanidade, tendo papel indiscutível para a evolução da sociedade. Todavia, consideramos importante destacar que o seu monopólio foi responsável pela perpetuação da colonização e das hierarquias, gerando, consequentemente, a desvalorização de outros saberes.

É, então, nesse contexto que o debate sobre as identidades culturais de diferentes grupos subalternizados vai entrar no centro das reflexões, fazendo com que as perspectivas críticas se abrissem para novos tensionamentos e categorias até então ignorados no âmbito das teorizações advindas da modernidade. Tais aspectos desestabilizaram o autoritarismo da cultura ocidental e o eurocentrismo colonizador, passando a desvelar as relações de poder que estão envolvidas na seleção do conhecimento escolar (ver Silva, 2011).

No campo do currículo, as abordagens críticas e pós-críticas passaram a argumentar que nenhuma teoria é neutra, científica e desinteressada, pelo contrário, as teorias estão inevitavelmente implicadas em relações de poder, responsáveis pela manutenção de estereótipos, preconceitos e discriminações que ocasionaram a perpetuação da invisibilidade de grupos minoritários.

É importante destacar, todavia, que essas rupturas foram advindas, sobretudo, das lutas de diferentes movimentos sociais e identitários que, inconformados com as invisibilidades de suas histórias e trajetórias de vida como elementos a serem tratados como dignos, passaram a se organizar coletivamente e a requerer o delineamento de "novas narrativas". Os estudos sobre as identidades passaram, então, a reconhecer que a cultura, longe de ser homogênea e monolítica, é de fato complexa, múltipla, desarmoniosa, descontínua, desestabilizando a perspectiva do sujeito universal, dotado de razão e de suas propriedades universais e idênticas em todos os indivíduos, aspecto fortemente preconizado pela modernidade.

Destacamos, nesse sentido, dois importantes ramos de estudos no campo epistemológico que foram de fundamental importância para que a Academia pudesse se abrir a essas novas perspectivas: as epistemologias do Sul, pensadas já a partir dos estudos das abordagens críticas, tomando como exemplo Paulo Freire, no Brasil, ao preconizar que *"não há saber mais ou menos; há saberes diferentes"* (Freire, 1985, p. 49) e, posteriormente, retomado com os estudos de Santos (2013); e os estudos sobre a decolonialidade, a partir das contribuições de Catherine Walsh, Aníbal Quijano, Walter Mignolo, dentre outros.

Os estudos de Santos (2013) sustentam a ideia de que estamos vivendo em um momento de transição paradigmática, no qual o paradigma da modernidade se encontra em declínio, fruto do colapso do capitalismo (modernidade *versus* colonização). Nesse sentido, o autor interroga se não estaríamos precisando nos abrir para novos paradigmas de conhecimento, para outras formas de conhecer o mundo. Sua obra busca contribuir para isso. Assim, Santos (2013) passou a sistematizar os princípios das denominadas epistemologias do Sul, em que procura dar respostas, nos últimos séculos, ao domínio de uma epistemologia sobre outras, refletindo acerca das consequências desse domínio e do papel do colonialismo e do capitalismo na sua perpetuação.

Nas palavras de Santos, as epistemologias do Sul apelam a um conjunto de perspectivas epistemológicas que buscam valorizar os saberes "que resistiram com êxito à monocultura do conhecimento científico e investigam as condições para um diálogo mais horizontal entre conhecimentos" (Santos, 2013, p. 13). Em seu entendimento, a ecologia de saberes consiste "na promoção do diálogo entre o saber científico ou humanístico, que a universidade produz, e os saberes leigos, populares, tradicionais, urbanos, camponeses, provindos de culturas não ocidentais" (Santos, 2013, p. 13) que circulam na sociedade.

Na perspectiva sul-americana, há um enfrentamento epistemológico de duplo desafio: emancipar-se da episteme eurocêntrica, que nos colonizou, e formular-se a si mesmo. Para nós, sul-americanos, a pergunta "quem sou eu?" foi durante muito tempo respondida por um terceiro e, nessa perspectiva, "a presença do outro me impede de ser eu mesma" (Fanon, 2015, p.125). Para isso, há a incorporação de práticas que promovem uma nova consciência ativa de saberes, no pressuposto de que todos eles, inclusive o saber científico, se enriquecem nesse diálogo, o que implica, assim, uma vasta gama de ações de valorização, tanto do conhecimento científico como de conhecimentos práticos.

Os estudos de Santos (2013) trazem à tona a compreensão de que o pensamento abissal é marca central do pensamento moderno ocidental. Nas palavras de Santos:

> [...] tudo aquilo que é produzido como inexistente é excluído de forma radical porque permanece exterior ao universo que a própria concepção aceite de inclusão considera como sendo o Outro. A característica fundamental do pensamento abissal é a impossibilidade da co-presença dos dois lados da linha. Este lado da linha só prevalece na medida em que esgota o campo da realidade relevante. Para além dela há apenas inexistência, invisibilidade e ausência não-dialéctica (Santos, 2007b, p. 4).

É nessa perspectiva que Santos (2007b) afirma ser o pensamento moderno ocidental um pensamento abissal, que se estrutura em uma linha de distinções visíveis e invisíveis que divide a realidade social em dois universos diferentes: o dos colonizados (Novo Mundo/*este lado da linha*) e o dos colonizadores (Velho Mundo/*outro lado da linha*). As linhas abissais estruturam o conhecimento, tornando inexistente todo e qualquer pensamento que não seja criado pelo outro lado da linha, ou seja, pelo Velho Mundo. Ainda de acordo com Santos (2007b), o pensamento abissal caracteriza-se, principalmente, pela sua capacidade de produzir e radicalizar distinções. Para esse autor, no campo da ciência, o pensamento abissal concebe à ciência moderna o monopólio da distinção universal entre o verdadeiro e o falso, em detrimento de dois conhecimentos alternativos: a filosofia e a teologia.

> O carácter exclusivo deste monopólio está no cerne da disputa epistemológica moderna entre as formas científicas e não-científicas de verdade. Sendo certo que a validade universal da verdade científica é, reconhecidamente, sempre muito relativa, dado o facto de poder ser estabelecida apenas em relação a certos tipos de objectos em determinadas circunstâncias e segundo determinados métodos, como é que ela se relaciona com outras verdades possíveis que podem inclusivamente reclamar um estatuto superior, mas não podem ser estabelecidas de acordo com o método científico, como é o caso da razão como verdade filosófica e da fé como verdade religiosa? (Santos, 2007b, p. 5).

Santos (2007b) sugere ainda que, para superarmos a condição abissal em direção ao pensamento pós-abissal, além de reconhecermos sua existência, é necessário também que os pesquisadores *daquele lado da linha* (hemisfério Norte) se reúnam aos das regiões periféricas e a suas epistemologias. Nesse ínterim, "o pensamento pós-abissal pode ser sumariado como um aprender com o Sul usando uma epistemologia do Sul. Confronta a monocultura da ciência moderna com uma ecologia de saberes" (Santos, 2007b, p. 22).

À medida que tais compreensões vieram à tona, houve o reconhecimento de que a pesquisa, especialmente a educacional, solicita novos paradigmas, novos pressupostos e novos métodos, de forma a se tornar mais colaborativa, participativa, com a presença efetiva da intersubjetividade, compondo e construindo novos entendimentos de mundo. Esses entendimentos também rebatem na epistemologia da Pedagogia, uma vez que reforçou a urgência de uma epistemologia crítica, de modo a buscar uma Pedagogia outra, que inclua outros saberes, outras perspectivas e todos os sujeitos.

Os estudos sobre a decolonização também ganharam visibilidade nesse contexto. Trata-se de um conceito que adentrou a Academia e passou a ser incorporado, sobretudo, por intelectuais latino-americanos. A decolonialidade é um conceito que emergiu da necessidade de ir além da ideia de que a colonização foi um evento acabado, pois consideramos que esse foi um processo que teve e tem continuidade ainda hoje, travestido de diferentes formas de opressão e domínio cultural

Na visão de Walsh (2009), a decolonialidade precisa ser entendida como uma luta contínua contra as colonialidades impostas aos grupos subalternos. De acordo com Oliveira e Lucini:

> [...] o entendimento da decolonialidade como meio de denúncia, de luta, mas também como teoria, conceitos e categorias no desenvolvimento da experiência histórica tem origem nos fins do século XX, quando um grupo de estudiosos percebeu que para estudar o colonialismo na América Latina e no Caribe havia a necessidade de se ter conceituações e categorias próprias, como apontamos. Isto porque se entendeu que as formas de colonização se deram de maneiras diferentes em determinados territórios (Oliveira; Lucini, 2021, p. 99).

Mignolo (2014a) contribui com essa discussão ao afirmar que o pensamento decolonial tem sua origem a partir da modernidade/colonialidade, ou seja, a partir do século XVI. Assim, esse autor entende que a decolonialidade como história e práxis existe há mais de 500 anos, por meio de lutas, ações, resistências e ações contra os padrões do poder. O pensamento decolonial, por sua vez, é ocasionado pelo "giro decolonial", que se refere ao ato de abrir o pensamento, ou se desprender da camisa de força para outras formas de compreensão da realidade para além da naturalização da modernidade e de seu lado mais obscuro, a colonialidade, e suas derivações do saber, do ser e da natureza.

Nesse preâmbulo, as Pedagogias Emergentes, produzidas com base nessas inspirações epistemológicas, buscam produzir um conhecimento voltado à valorização de saberes outros, considerando que todos os sujeitos são produtores de saberes e, portanto, dentro do princípio da inclusão como elemento fundante da consciência coletiva. As Pedagogias Emergentes surgem porque o mundo foi conhecendo as diferentes formas de colonização; talvez as mídias sociais tenham trazido aos povos invisibilizados novas possibilidades de inserção em atividades, discursos e práticas antes também invisíveis, especialmente nos movimentos sociais que produziram conscientização.

É importante destacar que a organização dos movimentos sociais na atualidade passou a acontecer de diferentes maneiras, rompendo as fronteiras geográficas, de espaço e tempo, colaborando para a integração de sujeitos coletivos agrupados em torno de uma pauta comum. A difusão da internet e das redes sociais é uma evidência concreta do net-ativismo, fenômeno relativamente recente, mas com capacidade de alcançar, em poucos minutos, diferentes dimensões no contexto da sociedade globalizada e conectada.

É fundamental destacar, ainda, que os movimentos sociais que reivindicam Pedagogias Outras organizaram estudos, pesquisas e produção de conhecimento que colocam a compreensão dos impactos dessa Pedagogia Moderna na morte das suas histórias, potencialidades e saberes ancestrais, ocasionando invisibilidades artificialmente construídas.

Assim, é preciso salientar que nem tudo pode ser considerado uma Pedagogia Emergente. São necessários conhecimentos profundos, por meio de estudos e pesquisas que possam colocar em relevo as demandas históricas desses grupos e, mais que isso, revelando as relações de poder que implodiram na manutenção de hierarquias, desigualdades sociais e perpetuações de discriminações e opressão.

Vale destacar, portanto, que as Pedagogias Emergentes não abrem mão dos princípios da Pedagogia Crítica, utilizando-os em favor das suas causas e pautas identitárias, inclusivas, sempre visando à inclusão. Nesse sentido, as Pedagogias Emergentes buscam romper com práticas que invisibilizam sujeitos e saberes, e fazer reparações históricas numa sociedade marcada por privilégios de determinados grupos sociais. Por isso, elas partem de organizações históricas, a partir de movimentos sociais que se organizam em torno de pautas comuns, questionando os privilégios historicamente presentes na sociedade de classes.

Na nossa compreensão, as Pedagogias Emergentes não se sobrepõem ou anulam a Pedagogia Crítica; pelo contrário, as primeiras incorporam princípios centrais da segunda, caracterizando-se, principalmente, por reconhecer que no limiar da sociedade contemporânea, marcada por uma multiplicidade de demandas e reparações históricas, são necessários enfrentamentos aos diversos resquícios que a colonização acarretou para as diferentes sociedades. O enfrentamento da colonização do campo educacional perpassa pela configuração de Pedagogias Emergentes que possam promover práticas efetivamente inclusivas e voltadas à valorização da diferença e das diversidades como características centrais do contexto contemporâneo.

Considerações finais

Este capítulo buscou compreender como os fundamentos epistemológicos da Pedagogia Crítica articularam-se com as atuais

Pedagogias Emergentes, que emergiram neste último século, organizadas a partir das pautas específicas de grupos sociais historicamente excluídos, numa sociedade marcadamente desigual, estruturalmente elitista, com interesses antagônicos e relações sociais pautadas em processos de opressão e dominação.

Assim, consideramos que há pontos epistemológicos importantes que estruturam os fundamentos da Pedagogia Crítica, assim como as Pedagogias Emergentes possuem outros fundamentos que se agregam aos da Pedagogia Crítica. Ambos, conceitos e práxis, são complementares e se coadunam ao momento atual.

A Pedagogia Crítica, de base freiriana, já esclarece a necessidade de uma Pedagogia outra, que se revista de um processo inclusivo, emancipatório e libertador, negando uma Pedagogia, de bases modernas, que funciona como aparelho ideológico em favor da manutenção da ordem social e política, naturalizando as desigualdades e as invisibilidades.

As condições geradas por novos estudos e pesquisas, nos quais incluímos as pesquisas de Bourdieu, Establet, Passeron, dentre outros, nos propuseram a reflexão crítica da forma como a escola funciona como reprodução de políticas e práticas educacionais para manter o *status quo*, realçando a debilidade e a falácia do pressuposto de que os sistemas de ensino podem produzir a democratização da educação, utilizando-se da meritocracia escolar e da exclusão dos menos favorecidos. Bourdieu nos faz perceber que, nas sociedades contemporâneas, a reprodução da ordem social e a persistência de desigualdades e injustiças sociais são promovidas e mantidas, essencialmente, pelos processos e pelas maquinarias escolares.

Consideramos neste capítulo, sem ainda um necessário aprofundamento, que os estudos voltados aos epistemicídios de saberes e práticas das classes populares, dos invisibilizados pelo sistema, desencadeiam novas compreensões sobre as práticas escolares, seus currículos e as práticas de segregação, muitas vezes consideradas avaliações seletivas. Esses estudos e muitos outros vão estruturando evidências de que uma grande parte dos sujeitos e de suas práticas e de seus saberes foi colonizada em favor da usurpação e da negação do saber do outro.

Essas questões propiciaram a emergência ativa de outros grupos, outrora invisíveis, exigindo espaço, presença e reparações. Esses grupos, estruturados criticamente, amparados por estudos e pesquisas, formam aquilo que estamos denominando de Pedagogias Emergentes. São Pedagogias Críticas com realce em uma causa específica, em luta e resistência. Assim, já temos as Pedagogias Indígenas, Feministas; as Pedagogias para os Gêneros e as Sexualidades; a Pedagogia do Movimento Sem Terra; a Pedagogia das Infâncias Negras; as Pedagogias da Inclusão; as Pedagogias para as Relações Étnico-raciais, entre outras.

No entanto, essas Pedagogias justificadamente emergentes possuem causa, poder e força de resistência. São diferentes de Pedagogias oportunistas que se autodenominam emergentes, como: Pedagogias Empreendedoristas, Pedagogia das Competências e outros tipos mais que estão pautados na lógica empresarial da educação e não na emancipação humana dos sujeitos.

Referências

ALTHUSSER, L. *Ideologia e aparelhos ideológicos do Estado*. 3. ed. Tradução: Joaquim José de Maura Ramos. Lisboa: Presença/Martins Fontes, 1980.

BAUDELOT, C.; ESTABLET, R. *L'école capitaliste en France*. Paris: Librairie François Maspero, 1971.

BOURDIEU, P.; PASSERON, J. *A reprodução*: elementos para uma teoria do sistema de ensino. Tradução: Reynaldo Bairão. Rio de Janeiro: Francisco Alves, 1975.

FANON, F. *Os condenados da terra*. Juiz de Fora: Editora UFJF, 2015.

FRANCO, M. A. do R. S. *A pedagogia como ciência da educação*: entre epistemologia e prática. 2001. 257 f. Tese (Doutorado em Educação) — Faculdade de Educação, Universidade de São Paulo, São Paulo, 2001.

FRANCO, M. A. do R. S. Pedagogia Crítica: a radicalidade da dialética dominação-resistência. *Revista Eletrônica Pesquiseduca*, [s. *l.*], v. 13, n. 31, p. 726-742, 2021. DOI: 10.58422/repesq.2021.e1183. Disponível em: https://periodicos.unisantos.br/pesquiseduca/article/view/1183. Acesso em: 22 jul. 2025.

FRANCO, M. A. do R. S. Pedagogia Crítica: transformações nos sentidos e nas práticas emancipatórias. *Práxis Educacional*, Vitória da Conquista, v. 16, n. 42, p. 423-439, 2020. DOI: 10.22481/praxisedu.v16i42.6299. Disponível em: https://periodicos2.uesb.br/index.php/praxis/article/view/6299. Acesso em: 21 fev. 2025.

FRANCO, M. A. do R. S. Por uma didática decolonial: epistemologia e contradições. *Educação e Pesquisa*, São Paulo, v. 48, p. e240473, 2022. Disponível em: https://doi.org/10.1590/S1678-4634202248240473. Acesso em: 31 jan. 2025.

FRANCO, M. A. do R. S.; MOREIRA, J. da S. Possibilidades emancipatórias e insurgentes da Pedagogia Crítica: dialogando com Maria Amélia Santoro Franco. *Olhar de Professor*, Ponta Grossa, v. 26, p. 1-23, 2023. DOI: 10.5212/OlharProfr.v.26.21121.012. Disponível em: https://revistas.uepg.br/index.php/olhardeprofessor/article/view/21121. Acesso em: 31 jan. 2025.

FRANCO, M. A. do R. S.; MOTA, G. C.; SILVA, L. G. Pedagogia Crítica: por uma epistemologia crítica e insurgente. *Educere et Educare, [s. l.]*, v. 16, n. 38, p. 73-96, 2021. DOI: 10.17648/educare.v16i38.25478. Disponível em: https://e-revista.unioeste.br/index.php/educereeteducare/article/view/25478. Acesso em: 31 jan. 2025.

FREITAG, B. *Escola, Estado e sociedade*. São Paulo: Moraes, 1984.

FREIRE, P. *Extensão ou comunicação?* Rio de Janeiro: Paz e Terra, 1985.

GRAMSCI, A. *Os intelectuais e a organização da cultura*. Rio de Janeiro: Civilização Brasileira, 1973.

KOSIK, K. *Dialética do concreto*. 2. ed., 6. reimpr. Tradução: Célia Neves e Alderico Toríbio. Rio de Janeiro: Paz e Terra, 1995.

LIBÂNEO, J. C. *Pedagogia e pedagogos, para quê?* São Paulo: Cortez Editora, 1998.

MIGNOLO, W. O controle dos corpos e dos saberes. [Entrevista cedida a] Walter Mignolo. Tradução: André Langer. *Revista IHU*, São Leopoldo, jul. 2014a. Disponível em: http://www.ihu.unisinos.br/noticias/533148o-controle-dos-corpos-e-dos-saberes-entrevista-com-walter-mignolo. Acesso em: 21 fev. 2025.

MIGNOLO, W. *Desobediencia epistémica*: retórica de la modernidad, lógica de la colonialidad y gramática de la descolonialidad. Buenos Aires: Del Signo, 2014b.

OLIVEIRA, E. de S.; LUCINI, M. O pensamento decolonial: conceitos para pensar uma prática de pesquisa de resistência. *Boletim Historiar*, [*s. l.*], v. 8, n. 1, p. 97-115, jan./mar. 2021. Disponível em: https://seer.ufs.br/index.php/historiar/index. Acesso em: 21 fev. 2025.

SANTOS, B. de S. *Renovar a teoria crítica e reinventar a emancipação social*. São Paulo: Boitempo, 2007a.

SANTOS, B. de S. Para além do pensamento abissal: das linhas globais a uma ecologia de saberes. *Revista Crítica de Ciências Sociais*, [*s. l.*], n. 77, p. 3-45, out. 2007b.

SANTOS, B. de S. *A universidade no século XXI*: por uma reforma democrática e emancipatória da universidade. 3. ed. São Paulo: Cortez Editora, 2011.

SANTOS, B. de S. *Pela mão de Alice*: o social e o político na pós-modernidade. 14. ed. São Paulo: Cortez Editora, 2013.

SCHMIED-KOWARZIK, W. *Pedagogia dialética*: de Aristóteles a Paulo Freire. São Paulo: Brasiliense, 1983.

SILVA, T. T. da. *Documentos de identidade*: uma introdução às teorias do currículo. 3. ed. Belo Horizonte: Autêntica, 2011.

WALSH, C. Interculturalidade crítica e pedagogia decolonial: in-surgir, re-existir e re-viver. *In*: CANDAU, V. M. F. (org.). *Educação intercultural na América Latina*: entre concepções, tensões e propostas. Rio de Janeiro: 7 Letras, 2009. p. 12-42.

CAPÍTULO 2

Repensando Paulo Freire, sua Pedagogia Crítica e a política do pós-colonialismo

Henry Armand Giroux

Resgatando Paulo Freire

Em todo o mundo, muitas sociedades profundamente enraizadas em práticas coloniais e no racismo sistêmico estão novamente a invocar a linguagem desumanizadora da opressão colonial para justificar a exclusão e a violência. Na França, os líderes vilipendiam os refugiados como ameaças à identidade nacional, perpetuando o medo e a divisão. Israel rotula os palestinos com termos que os despojam de humanidade, e leva a cabo um massacre em massa de mulheres e crianças. Da mesma forma, nos Estados Unidos, Trump referiu-se aos imigrantes como aqueles que estão "envenenando o sangue dos americanos", reavivando um perigoso tropo xenófobo que lembra atrocidades do passado. Esses exemplos sublinham a forma como a linguagem pejorativa do colonialismo e do autoritarismo está sendo usada hoje como arma para expandir e sustentar sistemas de guerra, desigualdade e repressão.

Nesse contexto, a obra de Paulo Freire assume uma relevância extraordinária e urgente. A sua Pedagogia revolucionária fornece uma estrutura poderosa para desmantelar as ideologias que sustentam o colonialismo e a opressão sistêmica (Freire, 1968; 1996; 1998). Ela capacita os indivíduos a interrogar criticamente e resistir às narrativas que desumanizam, silenciam e perpetuam a desigualdade. À medida que a política global adota cada vez mais as marcas da ideologia fascista — desde a limpeza racial e o ultranacionalismo até a violência contra grupos marginalizados e um feroz desprezo pelos bens públicos —, a visão de Freire da educação como uma forma de resistência e um horizonte de possibilidade torna-se indispensável. O seu trabalho desafia-nos a ver a educação não apenas como um instrumento de aprendizagem, mas também como uma prática de liberdade, fomentando a agência crítica e a ação coletiva na luta pela justiça e pela democracia.

O trabalho de Freire continua a ser uma pedra angular para os educadores progressistas, especialmente numa altura em que os professores são despedidos por terem opiniões críticas, os estudantes que protestam são espancados pela polícia e presos, as bibliotecas são transformadas em centros de detenção e a extrema-direita está convertendo o ensino superior em laboratórios de doutrinação para o nacionalismo cristão branco (Giroux, 2025).

O seu nome tornou-se sinônimo de Pedagogia Crítica, que é cada vez mais entendida como um projeto moral e político para ensinar o pensamento crítico, o envolvimento dialógico e a literacia crítica. Para Freire, a educação e a literacia eram ferramentas revolucionárias para desenvolver uma consciência anticapitalista. No entanto, à medida que o trabalho de Freire viajou do Brasil para a América Latina, África e para as fronteiras culturais híbridas da América do Norte, foi e tem sido constantemente apropriado de formas que diluem a sua essência radical. Com demasiada frequência, as suas ideias são reduzidas a técnicas pedagógicas divorciadas das suas raízes revolucionárias, neutralizadas em métodos despolitizados que não abordam os seus fundamentos anticoloniais e pós-coloniais (Aronowitz, 1998). Como Stanley Aronowitz observa, o que é convenientemente esquecido nessa abordagem é que Freire via a principal função da educação como repressão, e que ele queria "estabelecer um sistema de educação igualitário como um aspecto vital da sociedade que ele desejava criar" (Aronowitz, 2012, p. 24, tradução nossa).

Tais apropriações não são benignas. A tendência norte-americana para invocar o trabalho de Freire como "politicamente carregado" ou "problemático" contradiz demasiadas vezes a sua intenção revolucionária, transformando o seu legado numa coleção de rótulos abstratos desligados de lutas concretas.[1] Esse processo despoja a Pedagogia de Freire do seu poder transformador, relegando-a a um repertório de técnicas insípidas que reforçam, em vez de desafiarem, os sistemas de privilégio e poder que ele procurou desmantelar.

Mas, nesse contexto, esses são termos que falam menos a um projeto político construído no meio de lutas concretas do que às exigências insípidas e monótonas de receitas pedagógicas vestidas com o jargão de rótulos progressistas abstratos. O que se tem perdido cada vez mais na apropriação norte-americana e ocidental da obra de Freire é a natureza profunda e radical da sua teoria e prática como discurso anticolonial e pós-colonial. Mais especificamente, o trabalho de Freire é muitas vezes apropriado e ensinado "sem qualquer consideração do imperialismo e da sua representação cultural" (Young, 1990, p. 158, tradução nossa). Isso sugere que o trabalho de Freire tem sido apropriado de formas que o despojam de algumas das suas mais importantes percepções políticas. Igualmente, testemunha a maneira como certas práticas pedagógicas funcionam no interesse do privilégio e do poder para atravessar fronteiras culturais, políticas e textuais,

1. Uma excelente análise desse problema entre os seguidores de Freire pode ser encontrada em Stygall (1988).

de modo a negar a especificidade do outro e a reimpor o discurso e a prática do imperialismo cultural.

Em vez disso, o trabalho de Freire deve ser concebido como um texto profundamente pós-colonial, que exige uma forma radical de atravessar fronteiras, especialmente por parte de educadores e intelectuais norte-americanos. Isso implica confrontar os privilégios e as ideologias enraizadas no Ocidente e interrogar o modo como essas posições moldam as interpretações das ideias de Freire. Para se envolver plenamente com Freire, é preciso ir além do conforto das perspectivas ocidentais e reconstruir o seu trabalho dentro da especificidade das suas origens históricas e políticas. Isso requer a criação de espaços para um diálogo significativo, em que as relações sociais dominantes, as ideologias e as práticas que apagam as vozes dos oprimidos são ativamente desafiadas e desmanteladas.

Os acadêmicos como atravessadores de fronteiras

Para compreender o trabalho de Paulo Freire, em termos da sua importância histórica e política, é necessário explorar o que significa para os acadêmicos e outros trabalhadores culturais tornarem-se atravessadores de fronteiras. Isso significa que os professores e outros intelectuais têm de sair das fronteiras culturais, teóricas e ideológicas que os encerram na segurança "daqueles lugares e espaços que herdamos e ocupamos, que enquadram as nossas vidas de formas muito específicas e concretas" (Borsa, 1990, p. 36, tradução nossa). Ser um atravessador de fronteiras também sugere que se tem de reinventar as tradições não no âmbito do discurso da submissão, reverência e repetição, mas "como transformação e crítica. [Isto é] [...] temos de construir o nosso discurso como diferença em relação a essa tradição e isso implica ao mesmo tempo continuidades e descontinuidades" (Laclau, 1988, p. 12, tradução nossa).

É claro que, numa altura em que a missão do ensino superior e as suas prioridades na sala de aula estão a ser definidas por bilionários de extrema-direita, é mais difícil para os educadores assumirem o papel de atravessar a fronteira, porque é histórico, crítico, interdisciplinar e responsabiliza o poder. Com a administração Trump, os espaços para a tradução, a liberdade acadêmica e a crítica tornar-se-ão mais limitados e perigosos.

À medida que a sociedade americana se alinha cada vez mais com uma administração fascista, a natureza conservadora das suas estruturas culturais e políticas encoraja o que pode ser descrito como "acadêmicos de Vichy". Esses indivíduos têm agora rédea solta para denunciar os acadêmicos que se envolvem em questões sociais, que ligam o seu trabalho a preocupações políticas e éticas mais amplas ou reconhecem a Pedagogia e as salas de aula como espaços profundamente políticos — locais onde a agência, os valores e a compreensão que os alunos têm de si próprios, dos outros e do mundo em geral são ativamente moldados. Revestindo-se de neutralidade, esses acadêmicos alinham-se com a universidade neoliberal, muitas vezes movidos por buscas pessoais de poder e recompensas, ao mesmo tempo que insistem hipocritamente que não há lugar para a política no ensino superior.

Um exemplo flagrante dessa postura delirante e hipócrita pode ser encontrado em ensaios recentes de William Deresiewicz e Michael W. Clune. Clune, em particular, chegou a ponto de afirmar que "o espetáculo de professores de inglês a pontificar para as suas audiências cativas nas salas de aula sobre os males do capitalismo, a forma correta de lidar com as alterações climáticas ou as tendências fascistas dos seus adversários políticos é simplesmente um abuso de poder" (Clune, 2024, p. 3, tradução nossa).

Intelectuais como Toni Morrison, Stanley Aronowitz e Ellen Willis há muito reconhecem os perigos dessa suposta neutralidade na educação. Edward Said, um dos mais proeminentes e corajosos intelectuais públicos do nosso tempo, foi particularmente enérgico na rejeição da ideia de que as salas de aula podiam — ou deviam — ser vazias de valores e de política na busca da objetividade. Said defendia que a sala de aula é um local inerentemente político e condenava os acadêmicos que fingissem o contrário. Descreveu corretamente como "repreensíveis" aqueles que defendem tais fantasias apolíticas, expondo as suas afirmações como intelectualmente desonestas e politicamente cúmplices na manutenção do *status quo*.

> A meu ver, nada é mais repreensível do que os hábitos mentais do intelectual que induzem ao evitamento, esse desvio caraterístico de uma posição difícil e baseada em princípios que se sabe ser a correta, mas que se decide não tomar. Não se quer parecer demasiado político; tem-se medo de parecer controverso; precisa-se da aprovação de um chefe ou de uma figura de autoridade; quer-se manter a reputação de equilibrado, objetivo, moderado; espera-se ser convidado a voltar, a dar consultas, a fazer parte de um conselho de administração ou de um comitê prestigiado e, assim, manter-se dentro da corrente principal responsável; um dia espera-se obter um diploma honorário, um grande prêmio, talvez até um cargo de embaixador (Said, 1994, p. 100-101, tradução nossa).

O cruzamento de fronteiras envolve o trabalho intelectual como parte do discurso de invenção e construção, em vez de um discurso de reconhecimento, cujo objetivo se reduz à revelação e à transmissão de verdades universais. Nesse caso, é importante destacar o trabalho intelectual como sendo forjado na intersecção da contingência e da história, surgindo não dos "campos de caça exclusivos de uma elite [mas] de todos os pontos do tecido social" (Laclau, 1988, p. 27, tradução nossa). O que é frequentemente ignorado no apelo à objetividade e às salas de aula livres de política são as práticas pedagógicas que proporcionam as condições para levar os alunos a pensar criticamente; a refletir sobre os conhecimentos mais valiosos e sobre a forma como as suas identidades estão a ser moldadas no âmbito de determinadas relações de poder; e a aprender a responsabilizar o poder e os significados atribuídos. Há também aqui um desafio maior que é crucial para proteger o ensino superior como um bem público e uma instituição democratizante. Toni Morrison afirma-o claramente. Escreve ela: "Se a universidade não levar a sério e com rigor o seu papel de guardiã de liberdades cívicas mais amplas, de interrogadora de problemas éticos cada vez mais complexos, de servidora e preservadora de práticas democráticas mais profundas, então algum outro regime ou grupo de regimes fá-lo-á por nós, apesar de nós e sem nós" (Morrison, 2001, p. 278, tradução nossa).

Essa tarefa torna-se ainda mais difícil no caso de Paulo Freire, porque as fronteiras que definem a sua obra mudaram ao longo do tempo de forma paralela ao seu próprio exílio e movimento do Brasil para o Chile, México, Estados Unidos, Genebra e de volta ao Brasil. A obra de Freire não só se baseia fortemente nos discursos europeus, mas também no pensamento e na linguagem de teóricos da América Latina, da África e da América do Norte. O projeto político permanente de Freire levanta enormes dificuldades aos educadores que situam o trabalho dele na linguagem reificada das metodologias e em apelos vazios, que consagram o prático em detrimento do teórico e do político.

Freire é um exilado para quem estar em casa é muitas vezes equivalente a estar "sem-abrigo", e para quem a sua própria identidade e a identidade dos outros são vistas como locais de luta sobre a política de representação, o exercício do poder e a função da memória social.[2] É importante notar que o conceito de "casa" aqui utilizado não se refere exclusivamente aos lugares onde se dorme, come, em que se criam os filhos e mantêm certo nível de conforto. Para alguns, essa noção particular de "casa" é demasiado mítica, especialmente para aqueles que literalmente não têm casa nesse sentido; torna-se também uma reificação quando significa um lugar seguro que exclui as vidas,

2. A minha utilização dos termos exílio e "sem-abrigo" foi profundamente influenciada pelos seguintes ensaios: Becker (1991); JanMohamed (2018); Said (1990); Martin e Mohanty (1986); Kaplan (1987). Ver também ensaios selecionados em bell hooks (1989; 1990).

as identidades e as experiências do Outro, ou seja, quando se torna sinônimo do capital cultural dos sujeitos brancos da classe média.

"Casa", no sentido em que a estou a usar, sugere um 'gesto crítico de desessencialização'. Refere-se às fronteiras culturais, sociais e políticas que demarcam espaços variáveis de conforto, sofrimento, abuso e segurança, que definem a localização e a posição de um indivíduo ou grupo. Afastar-se de "casa" é questionar, em termos históricos, semióticos e estruturais, as formas como as fronteiras e os significados de "casa" são frequentemente construídos para além do discurso da crítica. O "lar" diz respeito aos espaços culturais e às formações sociais que funcionam como locais de dominação e resistência. No primeiro caso, a "casa" é segura em virtude das suas exclusões repressivas e da localização privilegiada de indivíduos e grupos fora do fluxo da história, do poder e da ética. No segundo caso, a casa torna-se uma forma de "sem-abrigo", um lugar mutável de identidade, resistência e oposição que permite condições de formação do eu e da sociedade. JanMohammed capta essa distinção de maneira bastante lúcida:

> A 'casa' passa a ser associada à 'cultura' como ambiente, processo e hegemonia que determinam os indivíduos através de mecanismos complicados. A cultura é produtora do necessário sentimento de pertença, de 'casa'; tenta suturar [...] a subjetividade coletiva e individual. Mas a cultura também é divisória, produzindo fronteiras que distinguem a coletividade do que está fora dela e que definem organizações hierárquicas dentro da coletividade. 'Sem-abrigo', por outro lado, é [...] um conceito facilitador [...] associado ao [...] espaço civil e político que a hegemonia não consegue suturar, um espaço no qual 'atos alternativos e intenções alternativas que ainda não estão articulados como instituição social ou mesmo projeto podem sobreviver'. O 'sem-abrigo' é, portanto, uma situação em que a potencialidade utópica pode perdurar (JanMohamed, 2018, p. 27, tradução nossa).

Para Freire, a tarefa de ser um intelectual foi sempre forjada dentro do tropo dos sem-abrigo: entre diferentes zonas de diferença teórica e cultural; entre as fronteiras das culturas não europeias e europeias. De fato, Freire é um intelectual de fronteira, cuja fidelidade não tem sido a uma classe e cultura específicas, como na noção de intelectual orgânico de Gramsci.[3] Em vez disso, os escritos de Freire incorporam um modo de luta discursiva e de oposição que não só desafia a máquina opressiva do Estado, como também é solidário com a formação de novos sujeitos e movimentos culturais empenhados na luta pelos valores modernistas de liberdade, igualdade e justiça. Em parte, isso explica o interesse de Freire para educadores, feministas e revolucionários na África, na América Latina e na África do Sul.

Como intelectual de fronteira, Paulo Freire rompe a divisão entre a identidade individual e a subjetividade coletiva, tornando visível uma política que entrelaça o sofrimento humano com o projeto transformador da possibilidade. Para Freire, não se trata de uma descida desvinculada da textualidade desencarnada, mas de uma alfabetização insurgente nascida no cadinho de deslocamentos políticos e materiais — aqueles infligidos por regimes que exploram, oprimem, expulsam e devastam vidas humanas. A obra [Pedagogia] de Freire habita um terreno de "sem-abrigo", não como mero exílio, mas como uma recusa radical do fechamento ideológico e hegemônico. A sua visão abrange as infinitas tensões, contradições e reconstruções que moldam a identidade e animam a luta pela justiça.

Esse sentimento de "sem-abrigo" não é desesperante, mas, sim, generativo, uma travessia contínua para os terrenos da alteridade. É aqui, nos espaços liminares onde as identidades e as histórias colidem, que a vida e a obra [Pedagogia] de Freire se enraízam. Como exilado, um ser fronteiriço, ele ocupa os interstícios da cultura, da epistemologia e da geografia, dando corpo a uma política de localização que está sempre em movimento. A travessia da fronteira de Freire não é apenas uma metáfora, mas, sobretudo, um método, uma forma de envolver o mundo que desafia os limites e se atreve a imaginar novas formas de ser, conhecer e resistir.

---

3. Tomei esse termo de JanMohamed (2018).

É mérito de Freire, como educador crítico e trabalhador cultural, ter estado sempre extremamente consciente de intenções, objetivos e efeitos de atravessar fronteiras, e da forma como tais movimentos oferecem a oportunidade para novas posições de sujeito, identidades e relações sociais que podem produzir resistência e alívio das estruturas de dominação e opressão. Embora essa visão tenha continuamente investido o seu trabalho com uma saudável "inquietação", não significa que o trabalho de Freire se tenha desenvolvido sem problemas. Por exemplo, as tentativas incessantes de Freire para construir uma nova linguagem, produzir novos espaços de resistência, imaginar novos fins e oportunidades para os alcançar foram por vezes constrangidas, especialmente nos seus primeiros trabalhos, por narrativas totalizantes e binarismos que não enfatizavam o caráter mutuamente contraditório e múltiplo da dominação e da luta. Nesse sentido, a confiança anterior de Freire na emancipação como uma e a mesma coisa com a luta de classes, por vezes, apagava a forma como as mulheres eram sujeitas de modo diferente às estruturas patriarcais; igualmente, o seu apelo aos membros dos grupos dominantes para cometerem suicídio de classe minimizava a natureza complexa, múltipla e contraditória da subjetividade humana. Enfim, a referência de Freire às "massas" ou aos oprimidos, como estando inscritos numa cultura de silêncio, parecia estar em contradição tanto com as variadas formas de dominação sob as quais esses grupos trabalhavam, como com a própria crença de Freire nas diversas maneiras em que os oprimidos lutam e manifestam elementos de luta.

Sem abordar adequadamente as contradições que essas questões levantam entre os objetivos do Estado, o discurso da vida quotidiana e o potencial para a violência pedagógica que está a ser feita em nome do politicamente correto, a obra de Freire está aberta à acusação feita por alguns teóricos de esquerda de ser excessivamente totalizante. Mas isso pode ser lido menos como uma crítica redutora da obra de Freire do que como uma indicação da necessidade de a sujeitar, bem como a todas as formas de crítica social, a análises que envolvam os seus pontos fortes e limitações como parte de um diálogo mais alargado ao serviço de uma política emancipatória.

As contradições levantadas no trabalho de Freire oferecem uma série de questões que precisam ser abordadas pelos educadores críticos, não só sobre os escritos anteriores de Freire, mas também sobre os seus próprios. Por exemplo, o que acontece quando a linguagem do educador não é a mesma que a dos alunos ou a dos grupos subordinados? Como é possível estar vigilante contra a adoção de uma noção de linguagem, política e racionalidade que prejudica o reconhecimento da sua própria parcialidade e de vozes e experiências dos outros? Como explorar a contradição entre a validação de certas formas de pensamento "correto" e a tarefa pedagógica de ajudar os alunos a assumir, em vez de se limitarem a seguir, os ditames da autoridade, independentemente da radicalidade do projeto informado por essa autoridade? É claro que não se pode esquecer que a força do trabalho inicial de Freire reside, em parte, no fato de tornar visível não apenas a luta ideológica contra a dominação e o colonialismo, mas também a substância material do sofrimento humano, da dor e do imperialismo.

Forjada no calor das lutas de vida e de morte, a utilização que Freire faz de binarismos, como: o oprimido *versus* o opressor, a resolução de problemas *versus* a colocação de problemas, a ciência *versus* a magia, enfureceu-se corajosamente contra as linguagens dominantes e as configurações de poder que se recusavam a abordar a sua própria política, apelando aos imperativos da polidez, da objetividade e da neutralidade. Nesse ponto, Freire atravessa a fronteira entre o discurso modernista e o anticolonialista; luta contra o colonialismo, mas, ao fazê-lo, inverte frequentemente, em vez de romper, a sua problemática básica. Benita Parry localiza um problema semelhante na obra de Frantz Fanon: "O que acontece é que a heterogeneidade é reprimida nas figuras monolíticas e nos estereótipos das representações colonialistas [...]. [Mas] os conceitos fundadores da problemática têm de ser recusados" (Parry, 1987, p. 28, tradução nossa).

Na sua obra posterior, em particular no seu trabalho com Donaldo Macedo, nas suas numerosas entrevistas e nos seus livros de discussão com autores como Ira Shor, Antonio Faundez e Myles Horton, Freire empreende uma forma de crítica social e de política cultural que se opõe às fronteiras que invocam o discurso do sujeito humanista unificado, dos agentes históricos universais e da racionalidade iluminista (Morrison, 2001). Recusando o privilégio de ser um intelectual de fronteira situado no universo mutável e em constante mudança da luta, Freire invoca e constrói elementos de uma crítica social que partilha uma afinidade com as vertentes emancipatórias de vários teóricos críticos, como Antonio Gramsci e C. Wright Mills. Isto é, na sua recusa de uma ética transcendente, de um fundacionalismo epistemológico e de uma teleologia política, Freire desenvolve um discurso ético e político provisório, sujeito ao jogo da história, da cultura e do poder.

Como um intelectual que atravessa fronteiras, Freire reexamina e levanta constantemente questões sobre que tipo de fronteiras estão a ser atravessadas e revisitadas, que tipo de identidades estão a ser refeitas e refiguradas dentro de novas fronteiras históricas, sociais e políticas, e que efeitos essas travessias têm na redefinição da prática pedagógica. Para Freire, a Pedagogia é vista como uma prática cultural e política que tem lugar não só nas escolas, mas também em todas as esferas culturais. Nesse caso, todo o trabalho cultural é pedagógico e os trabalhadores culturais habitam uma série de sítios que incluem, mas não se limitam, às escolas. Num diálogo com Antonio Faundez, Freire fala da sua própria autoformação como exilado e atravessador de fronteiras. Ele escreve:

> Foi viajando por todo o mundo, foi viajando pela África, foi viajando pela Ásia, pela Austrália e Nova Zelândia, e pelas ilhas do Pacífico Sul, foi viajando por toda a América Latina, Caribe, América do Norte e Europa — foi passando por todas estas diferentes partes do mundo como exilado que compreendi melhor o meu próprio país. Foi vendo-o a distância, foi afastando-me dele, que me compreendi melhor. Foi ao ser confrontado com um outro eu que descobri mais facilmente a minha própria identidade. E assim ultrapassei o risco que os exilados correm por vezes de, no seu trabalho de intelectuais, se afastarem demasiado das experiências mais reais, mais concretas, e de ficarem um pouco perdidos,

> e até um pouco contentes, por se perderem num jogo de palavras, aquilo a que eu costumo chamar, com algum humor, 'especializarem-se no balé dos conceitos' (Freire; Faundez, 1989, p. 13, tradução nossa).

É aqui que temos mais indicações de alguns dos princípios que informam Freire como um revolucionário. É nesse trabalho e no seu trabalho com Donaldo Macedo, Ira Shor, Antonia Darder, Peter McLaren e outros que vemos traços, imagens e representações de um projeto político que estão inextricavelmente ligados à autoformação do próprio Freire. É aqui que Freire é mais presciente ao desvendar e desmantelar ideologias e estruturas de dominação, à medida que estas emergem no seu confronto com as exigências contínuas da vida quotidiana, manifestadas de forma diferente nas tensões, no sofrimento e na esperança entre as diversas margens e centros de poder que vieram a caracterizar um mundo pós-moderno/pós-colonial.

A leitura do trabalho de Freire, nos últimos 20 anos ou mais, aproximou-me da visão de Adorno de que "faz parte da moralidade não estar em casa na própria casa" (Adorno *apud* Said, 1990, p. 365, tradução nossa). Adorno também foi um exilado, enfurecido contra o horror e o mal de uma outra época, mas também insistiu que o papel dos intelectuais era, em parte, desafiar esses lugares marcados pelo terror, pela exploração e pelo sofrimento humano. Apelou também aos intelectuais para que recusassem e transgredissem os sistemas de estandardização, mercantilização e administração, pressionados ao serviço de uma ideologia e linguagem de "casa" que ocupavam ou eram cúmplices de centros de poder opressivos. Freire difere de Adorno na medida em que há um sentido mais profundo de ruptura, transgressão e esperança, intelectual e politicamente, na sua obra. Isso é evidente no seu apelo aos educadores, aos críticos sociais e aos trabalhadores culturais para que criem uma noção de política e de pedagogia fora das fronteiras disciplinares estabelecidas; fora da divisão entre cultura erudita e popular; fora das "noções estáveis do eu e da identidade [...] baseadas na exclusão e asseguradas pelo terror" (Martin; Mohanty, 1986, p. 197, tradução nossa); fora das esferas públicas homogêneas; e fora das fronteiras que separam o desejo da racionalidade, o corpo da mente.

É claro que isso não quer dizer que os intelectuais tenham de se exilar para aceitar o trabalho de Freire, mas sugere que, ao tornarem-se atravessadores de fronteiras, não é invulgar que muitos deles se envolvam no seu trabalho como um ato de má-fé. Recusando-se a negociar ou a desconstruir as fronteiras que definem as suas próprias políticas de localização, têm pouca noção de se moverem para um "espaço imaginado", uma posição a partir da qual podem perturbar, romper e "iluminar aquilo que já não é caseiro — como, Heimlich, sobre a própria casa" (Becker, 1991, p. 1, tradução nossa).

A partir da perspectiva reconfortante do olhar colonizador, esses teóricos apropriam-se frequentemente do trabalho de Freire sem se envolverem na sua especificidade histórica e no seu projeto político em curso. O olhar, nesse caso, torna-se autossuficiente e autorreferencial, os seus princípios moldados por considerações técnicas e metodológicas. A sua perspectiva, apesar de si mesma, é em grande parte "panóptica e, portanto, dominante" (JanMohamed, 2018, p. 10, tradução nossa). É certo que esses intelectuais atravessam as fronteiras menos como exilados do que como colonialistas. Por isso, recusam-se muitas vezes a submeter a um escrutínio crítico a sua própria cumplicidade na produção e na manutenção de injustiças, práticas e formas de opressão específicas que inscrevem profundamente o legado e a herança do colonialismo. Edward Said capta a tensão entre exílio e crítica, casa e "sem-abrigo" no seu comentário sobre Adorno, embora seja igualmente aplicável a Paulo Freire:

> Seguir Adorno é afastar-se da 'casa' para a olhar com o distanciamento do exilado. Porque há um mérito considerável na prática de observar as discrepâncias entre vários conceitos e ideias e o que eles realmente produzem. Tomamos a casa e a linguagem como garantidas; elas tornam-se natureza e os seus pressupostos subjacentes recuam para o dogma e a ortodoxia. O exilado sabe que, num mundo secular e contingente, as casas são sempre provisórias. As fronteiras e as barreiras, que nos

> encerram na segurança de um território familiar, podem também tornar-se prisões e são frequentemente defendidas para além da razão ou da necessidade. Os exilados atravessam fronteiras, quebram barreiras de pensamento e de experiência (Said, 1990, p. 365, tradução nossa).

É claro que os intelectuais do Primeiro Mundo, especialmente os acadêmicos brancos, correm o risco de agir de má-fé quando se apropriam do trabalho de um intelectual do Terceiro Mundo como Paulo Freire, sem "mapear a política das suas incursões noutras culturas" (JanMohamed, 2018, p. 3, tradução nossa), em discursos teóricos e experiências históricas. É verdadeiramente desconcertante que os educadores do Primeiro Mundo raramente articulem as políticas e os privilégios da sua própria localização para, no mínimo, estarem conscientes de não repetirem o tipo de apropriações que informam o legado daquilo a que Said chama de erudição "Orientalista" (Said, 1979, p. 12, tradução nossa).

Para concluir, é crucial refletir sobre o que pode significar para os trabalhadores da cultura resistir à mercantilização do trabalho de Freire, assegurando que não se torna meramente uma ferramenta acadêmica ou uma estrutura de tamanho único. Ao mesmo tempo, temos de considerar como reimaginar a radicalidade das ideias de Freire no contexto do discurso pós-colonial, informado pela descrição de Cornel West da "descolonização do Terceiro Mundo, [e caracterizada pelo] exercício de [...] agência e a [produção de] novas [...] subjetividades e identidades apresentadas por aquelas pessoas que tinham sido degradadas, desvalorizadas, caçadas e assediadas, exploradas e oprimidas pelos impérios marítimos europeus" (West, 1991, p. 4, tradução nossa).

As ideias de Freire, juntamente aos contributos de outros pensadores pós-coloniais, abrem novas possibilidades teóricas para desafiar a autoridade e os discursos enraizados nos legados coloniais — práticas que continuam a moldar as relações sociais e a sustentar o privilégio e a opressão como forças onipresentes, tanto nos centros como nas margens do poder. Os discursos pós-coloniais tornaram claro que os velhos legados da esquerda, do centro e da direita políticos já não podem ser definidos com tanta facilidade. De fato, os críticos pós-coloniais foram mais longe e forneceram importantes perspectivas teóricas sobre a forma como esses discursos constroem ativamente as relações coloniais ou estão implicados na sua construção. Nesse sentido, Robert Young argumenta que o pós-colonialismo é um discurso deslocador que levanta questões teóricas sobre a forma como as teorias dominantes e radicais "estiveram elas próprias implicadas na longa história do colonialismo europeu — e, acima de tudo, até que ponto [elas] continuam a determinar tanto as condições institucionais do conhecimento como os termos das práticas institucionais contemporâneas — práticas que se estendem para além dos limites da instituição acadêmica" (Young, 1990, p. viii, tradução nossa).

Isso é especialmente verdade para muitos teóricos de uma variedade de movimentos sociais que adotaram a linguagem da diferença e uma preocupação com a política da descartabilidade, agora em pleno vigor sob a administração de Trump. Em muitos casos, os teóricos desses novos movimentos sociais abordaram questões políticas e pedagógicas através da construção de oposições binárias que não só contêm vestígios de racismo e vanguardismo teórico, como também caem na armadilha de simplesmente inverter o velho legado colonial e a problemática do oprimido *versus* opressor. Ao fazê-lo, muitas vezes imitaram inconscientemente o modelo colonial de apagar a complexidade, a cumplicidade, os diversos agentes e as múltiplas situações que constituem os enclaves do discurso e da prática colonial/hegemônica.[4]

Os discursos pós-coloniais alargaram e ultrapassaram os parâmetros desse debate de várias formas. Em primeiro lugar, os críticos pós-coloniais argumentaram que a história e a política da diferença são frequentemente informadas por um legado do colonialismo, o qual justifica a análise dos contextos históricos, das exclusões e das repressões, que permitem que formas específicas de privilégio não

4. Para uma excelente discussão dessas questões, na medida em que se relacionam especificamente com a teoria pós-colonial, ver Parry (1987); JanMohamed (1983); Spivak (1990); Young (1990); e Bhabha (1990).

sejam reconhecidas na linguagem dos educadores e dos trabalhadores culturais ocidentais.

O que está aqui em causa é a tarefa de desmistificar e desconstruir as formas de privilégio que favorecem a masculinidade, a branquidade e a propriedade, bem como as condições que têm desempoderado outros para falarem em lugares onde os privilegiados pelo legado do poder colonial assumem a autoridade e as condições da agência humana. Isso sugere, como Gayatri Spivak salientou, que há mais em jogo do que a problematização do discurso. Mais importante ainda, os educadores e os trabalhadores culturais precisam de se empenhar em "desaprender os seus privilégios". Assim, não só se torna capaz de ouvir o outro "círculo eleitoral", como também aprende a falar de modo a ser levado a sério por esse outro "círculo eleitoral". Nesse caso, o discurso pós-colonial alarga as implicações radicais da diferença e da localização, tornando esses conceitos atentos para fornecer as bases para formas de autorrepresentação e de conhecimento coletivo em que o sujeito e o objeto da cultura europeia são problematizados.[5]

Em segundo lugar, o discurso pós-colonial reescreve a relação entre a margem e o centro, desconstruindo as ideologias colonialistas e imperialistas que estruturam o conhecimento, os textos e as práticas sociais ocidentais. Nesse caso, há uma tentativa de demonstrar como a cultura europeia e o colonialismo "estão profundamente implicados um no outro" (Young, 1990, p. 119, tradução nossa). Isso sugere mais do que reescrever ou recuperar as histórias reprimidas e as memórias sociais do outro; significa compreender e tornar visível a maneira como o conhecimento ocidental está envolto em estruturas históricas e institucionais que tanto privilegiam como excluem determinadas leituras, determinadas vozes, determinadas estéticas, formas de autoridade, representações específicas e modos de socialidade.

A relação entre o Ocidente e a Alteridade no discurso pós-colonial não é uma relação de simples polaridades. Pelo contrário, reflete uma

5. Esta posição é explorada em Helen Tiffin (1988; 1987).

interação dinâmica em que ambos são simultaneamente cúmplices e resistentes, vítimas e cúmplices. Nesse sentido, as críticas ao Outro dominante funcionam também como uma forma de autocrítica. Linda Hutcheon capta a complexidade dessa relação com a sua pergunta provocadora: "Como é que construímos um discurso que desloque os efeitos do olhar colonizador enquanto ainda estamos sob a sua influência?" (Hutcheon, 1990, p. 176, tradução nossa). Essa pergunta sublinha a dificuldade de desvincular o legado do colonialismo — um legado que inclui não só o imperialismo cultural e o domínio ideológico, mas também a morte e a destruição em grande escala, como vemos em tempo real em Gaza. No entanto, é igualmente crucial reconhecer que o Outro não é simplesmente o oposto do colonialismo ocidental, nem o Ocidente é uma força monolítica do imperialismo.

Esse entendimento aponta para uma terceira ruptura possibilitada pelos discursos pós-coloniais. A teoria pós-colonial desafia a conveniência ideológica dos intelectuais ocidentais, que frequentemente negligenciam a interrogação sobre o modo como as noções de agência são moldadas e distorcidas no âmbito de sistemas opressivos de privilégio e poder. Contudo, isso não implica um regresso às concepções humanistas do sujeito como uma identidade unificada ou estática. Pelo contrário, o discurso pós-colonial reconhece a necessidade de descentrar o sujeito, ao mesmo tempo que resiste à rejeição generalizada da agência e da mudança social.

Nesse contexto, a agência deve ser reimaginada como intersecção e dinâmica, oferecendo a possibilidade de ação e transformação, sem se basear em noções redutoras ou essencialistas de identidade. Essa agência reimaginada exige uma compreensão dos pontos fortes e dos limites da razão prática, do papel crítico dos investimentos afetivos e da utilização da ética como um recurso para conceber a mudança social. Além disso, salienta a disponibilidade de diversos discursos e recursos culturais que constituem a base para lutar pela agência e criar as condições necessárias para cidadãos informados e críticos, capazes de levar a cabo uma ação social transformadora (cf. Giroux, 1992).

É claro que, embora os ônus de abordar essas preocupações pós-coloniais devam ser assumidos por aqueles que se apropriam do trabalho de Freire, é também necessário que Freire seja mais específico sobre a política da sua própria localização e sobre o que os discursos do pós-colonialismo significam para o envolvimento autorreflexivo, tanto do seu próprio trabalho quanto da sua atual localização como intelectual alinhado com o Estado. Se Freire tem o direito de recorrer às suas próprias experiências, como é que estas são reinventadas de modo a evitar a sua incorporação pelos teóricos do Primeiro Mundo em termos e práticas colonialistas e não descolonizadoras?

Ao levantar essa questão, é vital sublinhar que o que torna a obra de Paulo Freire tão duradoura é a sua recusa em ficar parada. Os textos de Freire resistem ao monumentalismo cultural, oferecendo-se não como relíquias estáticas, mas como estruturas dinâmicas e em evolução para diferentes leituras, públicos e contextos. A sua obra convida-nos a pensar de forma crítica, e não reverente, sobre educação, poder e resistência. Para compreender plenamente a profundidade dos contributos de Freire, é necessário ler a sua obra na íntegra, uma vez que não pode ser dissociada das suas origens históricas e pós-coloniais. No entanto, resiste igualmente a ser reduzida às intenções do seu autor ou ao seu momento histórico.

O poder do projeto de Freire reside nas suas tensões poéticas e políticas — uma zona fronteiriça onde a identidade e a história convergem para reclamar o poder através de atos de reescrita e resistência. A Pedagogia de Freire fala àqueles que se atrevem a atravessar fronteiras, que leem a história como um documento vivo de luta e esperança e que veem a educação como um ato radical de reivindicação do futuro. O seu trabalho não é apenas um apelo para compreender o mundo, mas também para transformá-lo, para imaginar a solidariedade como uma ação presente enraizada no passado, reverberando no futuro.

Atualmente, as ideias de Freire ressoam com particular urgência. À medida que o autoritarismo aperta as garras, que as crises climáticas se aprofundam, que os refugiados são deslocados e que o racismo sistêmico e o fascismo crescente fraturam as sociedades, a visão de Freire da educação como um local de resistência e transformação torna-se indispensável. Os ataques ao seu legado, como os do ex-presidente brasileiro Jair Bolsonaro, sublinham a potência revolucionária do seu trabalho. Tal hostilidade é um testemunho da ameaça que as ideias de Freire representam para os sistemas opressivos — um lembrete de seu potencial radical para capacitar os marginalizados e desafiar as hierarquias de classe e racialmente arraigadas.

O trabalho de Freire é um convite permanente para navegar nos espaços liminares da história, da cultura e da identidade — para imaginar novas formas de justiça e liberdade em face da opressão persistente. Apela-nos a confrontar os legados duradouros do colonialismo e a desmantelar os sistemas que sustentam a desigualdade e a desumanização. No entanto, Freire também nos desafia a sonhar para além da resistência, imaginando um futuro em que a solidariedade e a emancipação não sejam ideais abstratos, mas realidades vividas e transformadoras.

A lição pedagógica aqui, que Paulo compreendeu profundamente, é que o fascismo começa com palavras de ódio, a demonização de outros considerados descartáveis, e passa para um ataque às ideias, a queima de livros, o desaparecimento de intelectuais e os horrores das prisões e dos campos de detenção. Como forma de política cultural, a Pedagogia Crítica, tal como é apresentada por Freire, oferece a promessa de um espaço protegido, dentro do qual se pode pensar contra a corrente da opinião recebida; um espaço para questionar e desafiar, para imaginar o mundo a partir de diferentes pontos de vista e perspectivas, para refletir sobre nós mesmos em relação aos outros e, ao fazê-lo, compreender o que significa "assumir um sentido de responsabilidade política e social" (Nixon, 2015, n. p., tradução nossa).

Vivemos numa época em que a linguagem da democracia foi saqueada, despojada das suas promessas e esperanças. Por exemplo, na era das alegadas *fake news* e da pós-verdade, a degradação da linguagem reforça a observação de Umberto Eco de que a educação, como caraterística organizadora do fascismo, "mina a alfabetização cívica e produz um vocabulário empobrecido e uma sintaxe elementar, a fim de limitar os instrumentos para um raciocínio complexo e crítico" (Eco, 1995, n. p., tradução nossa).

Freire tinha razão ao insistir que, para derrotar o populismo e o autoritarismo de direita, é necessário fazer da educação um princípio organizador da política e, em parte, isso pode ser feito com uma linguagem substantivamente crítica, uma literacia crítica e uma Pedagogia que exponha e desvende falsidades, sistemas de opressão e relações corruptas de poder, ao mesmo tempo que torna claro que é possível um futuro alternativo.

Freire confiou-nos uma visão da Pedagogia Crítica que exige que os educadores garantam que o futuro se incline para um mundo socialmente mais justo — um mundo onde a crítica e a possibilidade se entrelaçam com os valores da razão, da liberdade e da igualdade, para remodelar os fundamentos da forma como a vida é vivida. A sua abordagem permite que os alunos pensem e ajam com criatividade e independência, recordando-nos, como Stanley Aronowitz defendeu em tempos, de que o papel do educador é "encorajar a agência humana, não a moldar à maneira de Pigmalião" (Aronowitz, 1998, p. 5, tradução nossa).

Num mundo fraturado pelo autoritarismo crescente e pelo poder descontrolado do capitalismo, a Pedagogia de Freire representa um roteiro vital para a recuperação da capacidade de ação, para a promoção de uma política de resistência e para o desenvolvimento de valores anticapitalistas que confrontam a opressão e preveem possibilidades de transformação. O seu trabalho fala não só ao intelecto, mas também à imaginação, oferecendo uma canção de libertação que nos chama a atravessar fronteiras — não apenas entre nações e culturas, mas, sobretudo, entre desespero e esperança, entre subjugação e liberdade. É um testemunho duradouro do poder da educação para resistir, para reimaginar e para reclamar a promessa de um mundo mais equitativo e humano.

Referências

ARONOWITZ, S. Introduction. *In*: FREIRE, P. *Pedagogy of freedom*. Lanham: Rowman and Littlefield, 1998.

ARONOWITZ, S. Paulo Freire's Pedagogy: not mainly a teaching method. *In*: LAKE, R.; KRESS, T. (ed.). *Paulo Freire's intellectual roots*: toward historicity in praxis. New York: Continuum, 2012.

BECKER, C. Imaginative geography. *School of the Art Institute of Chicago*, 1991, 12 p. (Ensaio não publicado).

BHABAH, H. K. (ed.). *Nation and narration*. New York: Routledge, 1990.

BORSA, J. Towards a politics of location: rethinking marginality. *Canadian Women Studies*: les Cahiers de La Femme, [*s. l.*], v. 11, n. 1, 1990.

CLUNE, M. W. We asked for it: the politicization of research, hiring, and teaching made professors sitting ducks. *The Chronicle of Higher Education*, Washington, D. C., 18 nov. 2024.

ECO, U. Ur-fascism. *The New York Review of Books*, 22 jun. 1995. Disponível em: http://www.nybooks.com/articles/1995/06/22/ur-fascism/?pagination=false&printpage=true. Acesso em: 4 mar. 2025.

FREIRE, P. *Pedagogy of the opressed*. London: Bloomsbury, 1968.

FREIRE, P. *Pedagogy of Hope*: Reliving Pedagogy of the Oppressed. London: Bloomsbury, 1996.

FREIRE, P. *Pedagogy of freedom*: ethics, democracy, and civic courage. Lanham: Rowman & Littlefield, 1998.

FREIRE, P.; FAUNDEZ, A. *Learning to question*: a pedagogy of liberation. New York: Continuum, 1989.

GIROUX, H. *Border crossings*: cultural workers and the politics of education. New York: Routledge, 1992.

GIROUX, H. *Burden of conscience*: educating beyond the veil of silence. London: Bloomsbury, 2025.

HOOKS, b. *Talking back*: thinking feminist, thinking black. Boston: South End Press, 1989.

HOOKS, b. *Yearning*: race, gender, and cultural politics. Boston: South End Press, 1990.

HUTCHEON, L. Circling the downspout of empire. *In*: ADAM, I.; TIFFIN, H. (ed.). *Past the last post*. Calgary: University of Calgary Press, 1990.

JANMOHAMED, A. *Worldliness-without world, homelessness-as-home*: toward a definition of border intellectual. Berkeley: University of California, 2018. 34 p.

JANMOHAMED, A. *Manichean aesthetics*: the politics of literature in colonial Africa. Amherst: University of Massachusetts Press, 1983.

KAPLAN, C. Deterritorializations: the rewriting of home and exile in Western feminist discourse. *Cultural Critique*, [*s. l.*], n. 6, p. 187-198, Spring 1987.

LACLAU, E. *Building* a new left: an interview with Ernesto Laclau. *Strategies*, [*s. l.*], n. 1, p. 10-28, 1988.

MARTIN, B.; MOHANTY, C. T. Feminist politics: what's home got to do with it? *In*: LAURETIS, T. de (ed.). *Feminist studies*: critical studies. Bloomington: Indiana University Press, 1986.

MORRISON, T. How can values be taught in this university. *Michigan Quarterly Review*, [*s. l.*], v. 40, n. 2, p. 273-278, Spring 2001.

NIXON, J. Hannah Arendt: thinking versus evil. *Times Higher Education*, 26 fev. 2015. Disponível em: https://www.timeshighereducation.co.uk/features/hannah-arendt-thinking-versus-evil/2018664.article?page=0%2C0. Acesso em: 4 mar. 2025.

PARRY, B. Problems in current theories of colonial discourse. *The Oxford Literary Review*, [*s. l.*], v. 9, n. 1-2, p. 27-58, 1987.

SAID, E. W. *Orientalism*. New York: Vantage Books, 1979.

SAID, E. W. Reflections on exile. *In*: FERGUNSON, R.; GEVER, M.; MINH-HA, T. T. (ed.). *Out there*: marginalization and contemporary cultures. New York: New Museum of Contemporary Art; MIT Press, 1990.

SAID, E. W. *Representations of the intellectual.* New York: Pantheon Books, 1994.

SPIVAK, G. C. *The post-colonial critic*: interviews, strategies, dialogues. Edition: Sarah Harasym. New York: Routledge, 1990.

STYGALL, G. Teaching Freire in North America. *Journal of Teaching Writing*, [*s. l.*], v. 8, p. 113-125, 1988.

TIFFIN, H. Post-colonial literatures and counter-discourse. *Kunapipi*, [*s. l.*], v. 9, n. 1, p. 17-34, 1987.

TIFFIN, H. Post-colonialism, post-modernism, and the rehabilitation of post-colonial history. *Journal of Commonwealth Literature*, [*s. l.*], v. 23, n. 1, p. 169-181, 1988.

WEST, C. Decentring Europe: a memorial lecture for James Snead. *Critical Inquiry*, [*s. l.*], v. 33, n. 1, 1991.

YOUNG, R. *White mythologies*: writing history and the West. New York: Routledge, 1990.

CAPÍTULO 3

Perspectiva decolonial e intercultural:

por uma Pedagogia insurgente

Vera Maria Candau

Introdução

É possível afirmar que a Pedagogia é um campo do conhecimento que tem como referência os processos educativos e os modos de desenvolvê-los. Possui uma ampla trajetória histórica e são muitas as propostas pedagógicas que foram construídas nos diversos contextos político-sociais através do tempo, desde a Grécia antiga até nossos dias.

No entanto, teve um desenvolvimento especialmente significativo na modernidade a partir de Comênio (1592-1670), considerado o pai da educação moderna. Essa perspectiva assumiu diversas versões que, de acordo com Libâneo (2005), podem ser assim sintetizadas: acentuação do poder da razão, conhecimentos e modos de ação deduzidos de uma cultura universal objetiva e a afirmação de que os seres humanos possuem uma natureza humana comum.

Os educadores são concebidos como representantes legítimos dessa cultura e devem ajudar os educandos a assumir, principalmente, os valores universais de racionalidade, autoconsciência, autonomia e liberdade.

É importante ter presente que a perspectiva moderna está fortemente articulada aos processos de colonização de diferentes povos e favorece a legitimação desses processos, assim como o não reconhecimento de diferentes grupos socioculturais, subalternizando-os, bem como suas culturas.

No entanto, tendo presente as transformações sociais, políticas, econômicas e culturais que marcam as décadas recentes, surgem novas perspectivas consideradas pós-modernas ou modernidade tardia, entre outras denominações. Estas podem ser caracterizadas como mudanças ligadas aos avanços científicos e tecnológicos, aos processos de produção, aos meios de comunicação, à emergência de novos movimentos sociais, à afirmação das subjetividades, entre outras características. É fundamental ter presente que essas tendências continuam vinculadas à lógica moderna e ocidental e aos processos de colonização e de não reconhecimento de diferentes povos e de suas lógicas socioculturais.

Neste texto, queremos nos situar numa perspectiva que tem como centro não somente colocar em questão a lógica moderna em suas diferentes manifestações, mas também insurgir, propondo novas perspectivas, entendendo o pedagógico como expressa Alexander:

> Pedagogias [...] em termos de romper através, transgredindo, interrompendo, deslocando, invertendo conceitos e práticas herdadas, essas metodologias psíquicas, analíticas e organizacionais [...] [que] fazem possíveis diferentes conversas e solidariedades como projeto tanto epistêmico como metodológico ligado a nosso ser [...]. Pedagogias [que] convocam conhecimentos subalternizados produzidos no contexto de práticas de marginalização, para poder desestabilizar as práticas existentes de saber e assim cruzar os limites fictícios de exclusão e marginalização (Alexander, 2005, p. 7, tradução nossa).

Pedagogias insurgentes capazes de desestabilizar. Desconstruir. Criar. Construir. Propor. Identificar perspectivas teórico-práticas que apontem para outro horizonte de sentido, outras formas de desenvolver processos educacionais que se confrontem com as tendências dominantes, marcadas pela lógica da modernidade, centrada na racionalidade, no universalismo e no eurocentrismo.

Nesse sentido, abordaremos as contribuições da perspectiva decolonial e intercultural, considerando-a uma Pedagogia insurgente.

Decolonialidade: uma categoria disruptiva

A perspectiva decolonial emerge, no continente americano, a partir do início dos anos 2000, cada vez com maior força, promovida pelo grupo conhecido como "Modernidade-Colonialidade" (Ballestrin, 2013), formado por especialistas em Filosofia, Ciências Sociais, Semiótica, Linguística e Educação. Trata-se de um movimento epistemológico e político-social complexo que se distribui de modo muito heterogêneo pelos diferentes países do continente.

É possível identificar diferentes fatores que contribuíram para a genealogia do pensamento do grupo, como a filosofia e a teologia da libertação; a teoria da dependência; a investigação-ação participativa; os debates nos anos 1980 no contexto latino-americano sobre modernidade e pós-modernidade; os estudos sobre culturas híbridas na antropologia e na teoria da comunicação; os estudos culturais latino-americanos; e, nos Estados Unidos, o grupo de estudos subalternos. É possível mencionar também as teorias críticas da modernidade desenvolvidas na Europa e nos Estados Unidos, o grupo asiático de estudos subalternos, a teoria feminista chicana, entre outros. No entanto, o grupo construiu uma identidade própria.

Segundo Ballestrin, "o grupo compartilha noções, raciocínios e conceitos que lhe conferem uma identidade e um vocabulário específico, contribuindo para a renovação analítica e utópica das ciências sociais latino-americanas do século XXI" (Ballestrin, 2013, p. 89). Não se trata de um grupo nos moldes habituais de constituição e funcionamento. Seus membros são profissionais interconectados que compartilham ideias, discussões, organizam publicações conjuntamente e, em algumas ocasiões, encontram-se em seminários, congressos e outras atividades acadêmicas e sociais. Nada de muito estruturado, mas uma teia de conexões, dinâmica e criativa. Alguns dos seus principais representantes são Walter Mignolo, Aníbal Quijano, Santiago Castro-Gómez, Enrique Dussel, Ramón Grosfoguel, Arturo Escobar e Nelson Maldonado-Torres. A temática da educação não integra o foco principal de suas reflexões. Dos autores mais conhecidos como pertencentes ao grupo, somente Catherine Walsh, docente aposentada da Universidade Simón Bolívar (Quito/Equador), é doutora em Educação e faz articulações com questões educativas.

Consideramos que existem quatro conceitos fundamentais, intimamente relacionados, para entendermos a perspectiva decolonial. São eles: colonialidade, eurocentrismo, diferença colonial e giro decolonial.

Maldonado-Torres faz uma distinção especialmente importante e básica:

> O colonialismo denota uma relação política e econômica, na qual a soberania de um povo está no poder de outro povo ou nação, o que constitui a referida nação em um império. Diferentemente desta ideia, a colonialidade se refere a um padrão de poder que emergiu como resultado do colonialismo moderno, mas em vez de estar limitado a uma relação formal de poder entre dois povos ou nações, se relaciona à forma como o trabalho, o conhecimento, a autoridade e as relações intersubjetivas se articulam entre si através do mercado capitalista mundial e da ideia de raça. Assim, apesar de o colonialismo preceder a colonialidade, a colonialidade sobrevive ao colonialismo. Ela se mantém viva em textos didáticos, nos critérios para o bom trabalho acadêmico, na cultura, no sentido comum, na autoimagem dos povos, nas aspirações dos sujeitos e em muitos outros aspectos de nossa

> experiência moderna. Neste sentido, respiramos a colonialidade na modernidade cotidianamente (Maldonado-Torres, 2017, p. 131, tradução nossa).

Nesse sentido, podemos afirmar que o colonialismo é mais do que uma imposição política, econômica, militar, jurídica ou administrativa. Este, na forma da colonialidade, do poder, do saber e do ser, segundo os autores decoloniais, chega às raízes mais profundas de um povo e sobrevive apesar da descolonização dos países latino-americanos. Os colonialismos modernos foram superados, mas a colonialidade continua atuando, e os processos de globalização não somente reforçam a colonialidade já presente nas nossas sociedades, como também promovem novas formas de colonialidade. Sermos capazes de reconhecer a colonialidade presente em nossas sociedades, na mídia, nos processos educacionais e nas nossas subjetividades constitui um passo fundamental para podermos desenvolver a perspectiva da decolonialidade.

No que se refere ao eurocentrismo, algumas de suas características são: a afirmação de uma sequência histórica unilinear e universalmente válida, cujo ápice é a civilização europeia ou ocidental; a defesa do caráter universal do conhecimento considerado científico, elaborado no contexto da modernidade, e a inferiorização ou a negação da validade de qualquer outro conhecimento concebido a partir de outras lógicas; a naturalização das diferenças culturais; o dualismo entre não europeu-europeu, primitivo-civilizado, tradicional-moderno, corpo-alma, natureza-sociedade, racional-sensível etc.

Quanto à diferença colonial, ela nos convida a reconhecer os sujeitos subalternizados e inferiorizados, a desumanização provocada pela colonialidade, assim como os conhecimentos produzidos a partir de outras lógicas, diferentes da modernidade ocidental.

> A diferença epistêmica colonial aponta para outra direção: ao pensamento a partir dos saberes relegados e subalternizados não como a busca do

> autêntico e do antiético, mas como uma maneira de pensar criticamente a modernidade desde a diferença colonial (Mignolo, 2003, p. 8-9).

A perspectiva da diferença colonial requer um olhar sobre enfoques epistemológicos construídos a partir de lógicas diferenciadas, assim como sobre as subjetividades subalternizadas e excluídas. Supõe identificar e ressaltar produções de conhecimento distintas da modernidade ocidental. Busca a conexão de formas críticas de pensamento produzidas a partir da América Latina, assim como com autores de outros lugares do mundo, na perspectiva da decolonialidade da existência do conhecimento e do poder.

Relacionado com os três conceitos anteriores, está o quarto conceito, que é o giro decolonial. Basicamente significa o movimento de resistência, teórico e prático, político e epistemológico, à lógica da modernidade/colonialidade. Segundo Maldonado-Torres (2017), a expressão giro decolonial foi proposta para dar nome à inovação teórica de todo o coletivo de autores do grupo Modernidade/Colonialidade e de tantos outros que contribuem para o pensamento decolonial em outras partes do mundo. A ideia era que, se alguns podiam estar em conversação com o giro pragmático, ou o linguístico, ou com o marxismo, ou com a teoria feminista, finalmente se podia entrever, entre essas diferentes orientações, a presença de outro tipo de giro que merecia seu próprio nome e definição, o giro decolonial (Maldonado-Torres, 2017).

Quanto ao sentido do decolonial, assumimos a perspectiva de Catherine Walsh quando afirma:

> O decolonial [...] não é algo fixo, um status ou condição, nem um ponto de chegada. É um processo dinâmico sempre em processo de fazer-se e refazer-se dada a permanência e capacidade de reconfiguração da colonialidade do poder. É um processo de luta, não só contra, mas, ainda mais importante, para a possibilidade de um modo-outro de vida. Um processo que engendra, convida à aliança conectividade,

> articulação e inter-relação, e luta pela invenção, criação e intervenção, por sentimentos, significados e horizontes radicalmente distintos (Walsh, 2016, p. 72).

É importante salientar também que a perspectiva decolonial não pode ser reduzida ao âmbito acadêmico. Ela interage com diferentes movimentos sociais, e se constrói em interlocução com as resistências, as lutas, as insurgências e as reexistências que são construídas por esses atores sociais.

A perspectiva decolonial tem tido um desenvolvimento intenso nos últimos anos e exercido forte impacto no âmbito da educação, questionando a concepção hegemônica de caráter neoliberal e conservador que impregna os processos escolares.

Interculturalidade: um conceito polissêmico

Na América Latina, a questão das relações entre educação e diversidade cultural tem uma trajetória própria e bastante original. É privilegiado o termo interculturalidade para nomeá-la.

A produção bibliográfica de especialistas de diferentes países é unânime em afirmar que o termo interculturalidade surge no continente no contexto educacional e, mais precisamente, com referência à educação escolar indígena. Segundo López-Hurtado (2007), linguista e antropólogo venezuelano, o conceito de interculturalidade emerge na primeira metade dos anos 1970, sendo aplicado à questão educativa ao descrever suas experiências com os indígenas arhuacos, da região do rio Negro, na Venezuela.

Nesse sentido, o termo emerge das preocupações com a educação escolar dos grupos indígenas, constituindo esta sua matriz de origem. Também contribuem para o aprofundamento e o enriquecimento da perspectiva intercultural as lutas e as propostas dos movimentos negros organizados, presentes em distintos países do continente, assim como as múltiplas experiências de educação popular, realizadas ao longo de toda a América Latina.

Em diferentes países, a interculturalidade foi assumida por diversas políticas públicas, particularmente no âmbito educacional, mas, e em geral, essa incorporação se deu na lógica da integração ao modelo social e econômico hegemônico.

Segundo Fleury:

> A interculturalidade se tornou hoje um tema paradoxal. O interesse pela interculturalidade, assumido em programas governamentais, movimentos sociais e mesmo pela pesquisa científica e pela mídia, vem promovendo o reconhecimento da diversidade cultural. Mas, ao mesmo tempo, apresenta-se por vezes como uma nova tendência multicultural que se isenta de qualquer sentido crítico, político, construtivo e transformador. Contraditoriamente, o esforço por promover o diálogo e a cooperação crítica e criativa entre sujeitos socioculturais diferentes corre o risco de reeditar novas formas de sujeição e subalternização (Fleury, 2017, p. 178).

Nesse sentido, o termo interculturalidade muitas vezes fica reduzido à mera visibilização de diversos grupos socioculturais e de seus hábitos e diferentes práticas — danças, músicas, gastronomia, expressões religiosas, entre outras —, assumindo um enfoque exclusivamente descritivo e, podemos classificar assim, turístico, não questionando as relações de poder presentes nas interações entre os distintos grupos socioculturais, reforçando relações assimétricas entre grupos, processos de legitimação da inferiorização e estereótipos estigmatizantes em relação a vários sujeitos sociais. É importante, portanto, que explicitemos os principais conceitos de interculturalidade presentes tanto nos processos sociais quanto na academia.

Catherine Walsh (2009) distingue três concepções principais de educação intercultural no continente, assim nomeadas: *relacional*, voltada para as relações interpessoais, objetivando a coesão social e assimilando grupos subalternizados à cultura hegemônica; *funcional*, orientada a diminuir as áreas de tensão e conflito entre os diversos grupos, mantendo-se as relações de poder vigentes; e *crítica*, que busca questionar as diferenças e as desigualdades construídas ao longo da história entre diferentes grupos socioculturais, étnico-raciais, de gênero, de orientação sexual, entre outros, para a construção de sociedades que assumam as diferenças como riquezas e constitutivas da democracia.

A interculturalidade crítica afirma a necessidade de superar as perspectivas relacional e funcional, e pode ser assim caracterizada: questiona as diferenças e as desigualdades construídas ao longo da história entre diferentes grupos socioculturais, étnico-raciais, de gênero, de orientação sexual, religiosos, entre outros; parte da afirmação de que a interculturalidade aponta para a construção de sociedades que assumam as diferenças como constitutivas da democracia e sejam capazes de construir relações novas, verdadeiramente igualitárias entre os diferentes grupos socioculturais, o que supõe empoderar aqueles que foram historicamente inferiorizados (Candau, 2012).

No Grupo de Estudos Cotidiano, Educação e Culturas (Gecec), que coordeno, vinculado ao Programa de Pós-Graduação em Educação da Pontifícia Universidade Católica do Rio de Janeiro (PUC-Rio), construímos coletivamente um conceito de educação intercultural crítica que orienta todos os trabalhos e as pesquisas que realizamos. Assim o formulamos:

> A Educação Intercultural parte da afirmação da diferença como riqueza. Promove processos sistemáticos de diálogo entre diversos sujeitos — individuais e coletivos —, saberes e práticas na perspectiva da afirmação da justiça — social, econômica, cognitiva e cultural —, assim como da construção de relações igualitárias entre grupos socioculturais e da democratização da sociedade, através de políticas que articulam direitos da igualdade e da diferença (Candau, 2014, p. 1).

Gostaríamos de ressaltar a primeira afirmação, que consideramos central. O termo diferença, em depoimentos de educadores em várias pesquisas que realizamos, é frequentemente associado a um problema a ser resolvido, à deficiência, ao déficit cultural e à desigualdade. Diferentes são aqueles que têm baixo rendimento acadêmico, provêm de comunidades de risco e de famílias com condições de vida de grande vulnerabilidade social, e possuem comportamentos que apresentam níveis diversos de violência e incivilidade. Trata-se de pessoas com características identitárias que são associadas à "anormalidade", às "necessidades especiais" e/ou a um baixo capital cultural. Enfim, os diferentes são um problema que a escola e os(as) educadores(as) precisam enfrentar, e essa situação vem se agravando e não sabemos como lidar com ela. Somente em poucos depoimentos, a diferença é articulada a identidades plurais que enriquecem os processos educativos e sociais, e devem ser reconhecidas e valorizadas. No entanto, se não logramos superar essa perspectiva e situar-nos diante das diferenças culturais como riquezas que ampliam nossas experiências, dilatam nossa sensibilidade e nos convidam a potencializá-las como exigência da construção de um mundo mais igualitário, não poderemos ser atores de processos de educação intercultural na perspectiva que assinalamos.

Assumimos essa perspectiva da educação intercultural crítica, e afirmamos com Fleury a necessária articulação entre perspectiva decolonial e educação intercultural crítica:

> A interculturalidade crítica aponta, pois, para um projeto necessariamente decolonial. Pretende entender e enfrentar a matriz colonial do poder, que articulou historicamente a ideia de "raça" como instrumento de classificação e controle social com o desenvolvimento do capitalismo mundial (moderno, colonial, eurocêntrico), que se iniciou como parte da constituição histórica da América (Fleury, 2017, p. 183).

Sendo assim, é possível afirmar que a perspectiva decolonial permite radicalizar a proposta da educação intercultural crítica.

Por uma educação intercultural crítica e decolonial

Assinalaremos alguns aspectos que consideramos imprescindíveis para a articulação entre educação intercultural crítica e decolonialidde. Um primeiro consiste em desvelar as formas de colonialidade presentes no cotidiano de nossas sociedades e escolas. Reconhecê-las e nomeá-las é fundamental, conscientes de que estamos imersos em processos de colonialidade que estão naturalizados e profundamente introjetados no nosso imaginário individual e coletivo, nas nossas mentalidades e nos juízos de valor que atribuímos a diferentes grupos socioculturais, nos conhecimentos que privilegiamos e nos nossos comportamentos.

Os processos educacionais, em geral, reforçam a lógica da colonialidade, promovendo a homogeneização dos sujeitos neles implicados, reconhecendo um único tipo de conhecimento como válido e verdadeiro, aquele produzido a partir do referencial construído pela modernidade europeia. Se não questionarmos o caráter único do que consideramos desenvolvido, moderno, civilizado, verdadeiro, belo, não poderemos superar a colonialidade. Desnaturalizar os processos de colonialidade constitui um desafio essencial para o desenvolvimento da educação intercultural crítica e decolonial.

Outro grande desafio é a superação dos dualismos que, articulados com a colonialidade, estão fortemente arraigados em nossas sociedades. Esses dualismos priorizam um polo da relação — o europeu, civilizado, masculino, moderno, racional —, negando as contribuições dos grupos socioculturais e epistemologias que são consideradas pertencentes ao passado ou que são reduzidas a crenças que devem ser superadas pela lógica moderna eurocêntrica. Somente promovendo o diálogo intercultural será possível construir uma nova perspectiva mais holística e plural, em que todos os sujeitos socioculturais sejam reconhecidos como atores sociais e produtores de conhecimento.

Caminhar nessa direção exige reafirmar o aspecto processual e permanente, tanto da desnaturalização da colonialidade como da construção de dinâmicas outras, a partir do reconhecimento dos diversos grupos socioculturais como sujeitos e atores sociais e produtores de conhecimentos.

Desconstruir e reconstruir as culturas escolares, nessa perspectiva decolonial e intercultural, supõe desafios postos por novas questões que enriquecem e tensionam o debate educacional na contemporaneidade.

É possível uma Pedagogia insurgente?

Estamos vivendo um momento histórico desafiador. A matriz moderna continua vigente com força renovada e adquirindo novas formas de expressão. Globalização, neoliberalismo, mercantilização, desigualdades, desumanização são algumas de suas características. Os processos educacionais estão sequestrados por essa lógica padronizadora e eficientista, neoliberal e conservadora.

Seremos capazes de questionar e desconstruir essa perspectiva para construir uma sociedade realmente justa, democrática e solidária? Essa questão também se coloca para a educação e a escola: seremos capazes de reinventar a escola? De desconstruir uma perspectiva homogeneizadora do formato escolar? De questionar uma concepção dos currículos escolares que promove uma única visão do conhecimento, de caráter moderno e ocidental? De questionar a colonialidade presente nas culturas escolares? De reconhecer inúmeros saberes e práticas insurgentes que realizam professores e professoras no cotidiano escolar, em geral ignorados? De colocar no centro de nossas buscas os grupos sociais subalternizados e inferiorizados? Que perspectivas teóricas privilegiamos em nossas pesquisas, ensino e outras práticas educativas? Somos conscientes da colonialidade presente em nossos trabalhos e instituições? O eurocentrismo está presente em nossos currículos e nossas práticas educativas? Incorporamos autores latino-americanos, africanos, negros, indígenas em nossas atividades educacionais? Quem são os sujeitos a partir dos quais nos situamos? Questionamos a afirmação de uma única visão do conhecimento, de caráter moderno e ocidental?

Se quisermos promover uma educação intercultural crítica e decolonial, teremos de assumir esses desafios. Esta é minha aposta. Somos chamados a promover diversas insurgências que permitam superar a perspectiva moderna e colonial vigente na nossa sociedade e nos processos educacionais.

Referências

ALEXANDER, J. *Pedagogies of crossing*: meditations on feminism, sexual politics, memory, and the sacred. Durham: Duke, 2005.

BALLESTRIN, L. América Latina e o giro decolonial. *Revista Brasileira de Ciência Política*, Brasília, n. 11, maio/ago. 2013.

CANDAU, V. M. Diferenças culturais, interculturalidade e educação em direitos humanos. *Educação & Sociedade*, Campinas, v. 33, n. 118, p. 235-250, 2012.

CANDAU, V. M. *Educação intercultural crítica*. Rio de Janeiro: Editora PUC-Rio, 2014. (Documento de trabalho).

FLEURY, R. *Educação intercultural e movimentos sociais*. João Pessoa: Editora do CCTA, 2017.

LIBÂNEO, J. C. As teorias pedagógicas modernas ressignificadas pelo debate contemporâneo na educação. *In*: LIBÂNEO, J. C.; SANTOS, A. *Educação na era do conhecimento em rede e transdisciplinaridade*. São Paulo: Alínea, 2005. p. 6.

LÓPEZ-HURTADO, L. E. Trece claves para entender la interculturalidad en la educación latinoamericana. *In*: PRATS, E. (org.). *Multiculturalismo y educación para la equidad*. Barcelona: Octaedro-OEI, 2007. p. 24-39.

MALDONADO-TORRES, N. Las humanidades y el giro decolonial en el siglo XXI. *Analéctica*, Buenos Aires, v. 3, n. 21, mar. 2017.

MALDONADO-TORRES, N. Sobre la colonialidad del ser: contribuciones al desarrollo de un concepto. *In*: CASTRO-GÓMEZ, S.; GROSFOGUEL, R. (org.). *El giro decolonial*: reflexiones para una diversidad epistémica más allá del capitalismo global. Bogotá: Universidad Javeriana; Instituto Pensar; Universidad Central; Iesco; Siglo del Hombre Editores, 2007. p. 131.

MIGNOLO, W. *Histórias globais, projetos locais*: colonialidade, saberes subalternos e pensamento liminar. Belo Horizonte: Editora UFMG, 2003.

WALSH, C. Notas pedagógicas a partir das brechas decoloniais. *In*: CANDAU, V. M. (org.). *Interculturalizar, descolonizar, democratizar*: uma educação "outra"? Rio de Janeiro: 7 Letras; Gecec, 2016.

WALSH, C. Interculturalidade crítica e pedagogia decolonial: insurgir, re-existir e re-viver. *In*. CANDAU, V. M. (org.). *Educação intercultural na América Latina*: entre concepções, tensões e propostas. Rio de Janeiro: 7 Letras, 2009. p. 12-43.

CAPÍTULO 4

Ecopedagogias decoloniais para a cidadania global e a justiça socioambiental

João Colares da Mota Neto
Danilo Romeu Streck

Introdução

Este capítulo é resultado de reflexões tecidas em processo e em rede. Atualmente, desenvolvemos o projeto de pesquisa "Educação Popular e Ecopedagogias Decoloniais na Amazônia: Cidadania Global e Justiça Socioambiental", com financiamento do Conselho Nacional de Desenvolvimento Científico e Tecnológico (CNPq), conectado à Rede de Pesquisa sobre Pedagogias Decoloniais na Amazônia[1]

1. A Rede dedica-se a produzir conhecimento no campo das Pedagogias Decoloniais, tomando a Amazônia, seus sujeitos, movimentos e territórios como a especificidade dos estudos realizados. Atualmente, está presente em cinco estados da região Norte, envolvendo oito universidades públicas: Pará — Universidade do Estado do Pará e Universidade Federal do Pará; Amapá — Universidade do Estado do Amapá e Universidade Federal do Amapá; Amazonas — Universidade Federal do Amazonas; Tocantins — Universidade Federal do Tocantins e Universidade Federal do Norte do Tocantins; e Roraima — Universidade Estadual de Roraima.

e à Cátedra Unesco Educação para a Cidadania Global e Justiça Socioambiental.[2]

A referida Cátedra se organiza em três eixos de atuação e pesquisa: a) Cidadania global, línguas e interculturalidade; b) Cidadania global, justiça socioambiental e sustentabilidade; c) Cidadania global, internacionalização da educação e democratização do conhecimento. Em torno da noção de cidadania global, articulam-se os temas da interculturalidade, da internacionalização e da democratização do conhecimento. A justiça socioambiental está unida à cidadania global ou planetária devido à sua indissociabilidade, por princípio. Se as questões sociais e ambientais se colocam como o grande desafio para a vida humana com dignidade e para a sobrevivência do planeta, seu enfrentamento exige uma cidadania que mire além das fronteiras nacionais, sem menosprezar as ações locais, regionais e nacionais.

Este texto se articula ao eixo "Cidadania global, justiça socioambiental e sustentabilidade", que reúne temas e experiências relacionados com a dignidade humana e a solidariedade — economias familiares, comunitárias e solidárias —, populações empobrecidas e discriminadas, afrodescendentes e povos indígenas; temas e experiências na luta contra as injustiças sociais e cognitivas. O trabalho engloba movimentos em favor da justiça socioambiental, dos direitos humanos, da ecologia integral, envolvendo a produção de conhecimentos e modos de conhecer, a influência nas políticas públicas e o cuidado com todos os seres da natureza.

Neste capítulo, apresentamos algumas reflexões epistemológicas e ecoético-políticas sobre as chamadas "ecopedagogias decoloniais", comprometidas com um projeto civilizatório marcado pela cidadania global e pela justiça socioambiental.

---

2. A Cátedra busca contribuir para o desenvolvimento social, econômico e cultural, na perspectiva da sustentabilidade e da justiça social em âmbito local, nacional e internacional, por meio da promoção da Educação para a Cidadania Global e do impacto nas políticas públicas, na pesquisa, nos currículos, no ensino e na aprendizagem. A Cátedra é coordenada pelo Prof. Dr. Danilo R. Streck, da Universidade de Caxias do Sul, e pela Profa. Dra. Maria Julieta Abba, da Universidade do Vale do Rio dos Sinos.

A trama teórica envolve, sobretudo, intelectuais da América Latina, em diálogo com autores(as) críticos(as) de outras regiões do mundo. Consiste num esforço de pensar a América Latina a partir de nosso próprio contexto, combatendo o colonialismo intelectual que historicamente tem contribuído para nos fazer "estrangeiros de nossa própria realidade".

O texto se organiza em duas partes centrais: começamos por uma breve conceituação de ecopedagogia como Pedagogia da Vida, com a inspiração de autores(as) do campo da Educação Popular e áreas afins. Na sequência, aprofundamos o debate sobre as ecopedagogias decoloniais comprometidas com um projeto de cidadania planetária ou global e de justiça socioambiental.

Ecopedagogia como Pedagogia da Vida

Moacir Gadotti (2009), um dos principais intelectuais latino-americanos a tratar do tema da ecopedagogia, contextualiza que esse termo foi lançado por Francisco Gutiérrez e Cruz Prado, vinculados ao Instituto Latino-Americano de Pedagogia da Comunicação (ILPEC), com sede na Costa Rica, por meio do livro *Ecopedagogia e cidadania planetária* (Gutiérrez; Prado, 2013), publicado pela primeira vez em espanhol, em 1972.

Ideia central desse livro é a de que a cidadania planetária vai além da cidadania ambiental, constituindo uma Pedagogia da Vida com potencialidade de transformação estrutural das relações sociais. Três conceitos-chave estruturam o livro: a) *ecologia profunda*, que não separa o ser humano da natureza, mas pensa o mundo como uma rede de fenômenos interligados e interdependentes; b) *pedagogia*, entendida como promoção da aprendizagem e da "autopoesis", logo, como propriedade emergente que todos os seres vivos têm em seu processo de auto-organizar a vida; c) *planetaridade*, que significa sentir e viver o fato de que somos partes constitutivas da Terra: esse ser vivo e inteligente que nos pede relações planetárias, dinâmicas e sinérgicas (Gutiérrez; Prado, 2013).

Como Pedagogia Holística, a ecopedagogia afasta-se do referencial antropocêntrico que está na base das Pedagogias moderno-coloniais e concebe o ser humano em relação com a complexidade da natureza. Gadotti (2009) afirma que, para a ecopedagogia, a Terra é um ser vivo, Gaia, por isso ela poderia também ser chamada de Pedagogia da Terra.

Com base na *Pedagogia do oprimido* de Paulo Freire, Gadotti (2009) considera que a Terra, hoje, é um ser oprimido e que, portanto, precisamos construir uma Pedagogia da Terra como um capítulo da Pedagogia do Oprimido, considerando-se este planeta como uma única comunidade, una e diversa.

Greg William Misiaszek (2020) também tem se dedicado a discutir as interconexões entre as ecopedagogias e o pensamento de Paulo Freire. Misiaszek (2020) argumenta que as "Ecopedagogias Freirianas" constroem uma aprendizagem voltada para a justiça socioambiental e a sustentabilidade planetária. Discute a necessidade de se problematizar as causas da violência socioambiental, incluindo processos de opressão que emergem da globalização, do neoliberalismo, do colonialismo, do racismo, do patriarcado, da xenofobia e do domínio sobre a natureza.

Neste preciso sentido, seguindo a argumentação de Gadotti (2009), a ecopedagogia tem contribuído cada vez mais com a *educação para a cidadania planetária*. Diz que a sobrevivência do planeta Terra depende da consciência socioambiental e a formação da consciência depende da educação; e que a noção de cidadania planetária se sustenta na visão unificadora do planeta e de uma sociedade mundial, que tem várias expressões: "nossa humanidade comum", "nosso futuro comum", "nossa pátria comum".

Uma ética do cuidado está subjacente à ideia de ecopedagogia. Nesta linha de raciocínio, Gonçalves (2015), com base na noção de *cuidado* do teólogo Leonardo Boff, propõe uma ecopedagogia que tem no cuidado a sua principal categoria. Para ele, isso implicaria: a) resgatar a razão sensível e cordial; b) incorporar princípios básicos da ecologia; c) apreciar e conhecer a comunidade da vida; d) desenvolver uma espiritualidade cósmica; e) cultivar uma ética do cuidado.

Esses princípios básicos da ecopedagogia dialogam com o que chamamos de "Pedagogias Decoloniais" (Mota Neto, 2016), isto é, Pedagogias da subversão, insurgentes, de resistência, de luta contra as mais distintas formas de opressão provocadas pela modernidade/colonialidade. É a partir deste diálogo que discutimos, a seguir, as ecopedagogias decoloniais, nas trilhas de um projeto civilizatório comprometido com a cidadania global e a justiça socioambiental.

Ecopedagogias decoloniais rumo à cidadania global e à justiça socioambiental

Entre 12 e 15 de junho de 2024, nas cidades de Rurrenabaque e San Buenaventura, na Amazônia boliviana, ocorreu o XI Fórum Social Pan-Amazônico (Fospa). Diversos povos e movimentos sociais da região se encontraram para discutir problemáticas e soluções possíveis à crise civilizatória e às catástrofes ambientais que afetam cada vez mais o planeta e a Pan-Amazônia, em particular.

Destacamos, do Mandato de Rurrenabaque, o documento-síntese do Fórum, o repúdio dos povos da floresta ao ecocídio em curso e a utopia de um mundo onde a cultura seja a principal promotora da solidariedade:

> Desde o coração de nossas florestas, pelo fluxo de nossos rios, com a força de nossas cidades, por dentro de nossos corpos e territórios livres, as mulheres, pessoas LGBTQIA+, homens amazônicos, proclamamos nosso repúdio a este estado de coisas e nossa disposição de lutar por um mundo onde os territórios dos povos se autogovernem, regidos pela democracia comunitária, onde a Amazônia e toda a natureza sejam reconhecidas como sujeitos de direitos, onde a desigualdade

entre homens e mulheres seja extinta, a população LGBTQIA+ goze de plena cidadania e os povos possam exercer livremente suas culturas, espiritualidades, ancestralidades e identidades étnicas. Um mundo onde a cultura seja a principal promotora da harmonia e solidariedade (Comitê do Fospa, 2024).

Nesta última edição do Fospa, na perpectiva do que vem sendo discutido há muito tempo pelos povos originários e pelos movimentos sociais da Amazônia, o direito à educação é associado ao que é chamado de "cultura de cuidado". Dizem os coletivos signatários do Mandato de Rurrenabaque que a ordem social de exploração domina os processos educativos, menosprezando as cosmovisões indígenas e a biodividade que nutre a epistemologia territorial dos povos amazônidas. Demandam a inclusão de Pedagogias comunitárias e dos saberes dos povos no sistema educativo formal, a partir de um diálogo entre saberes, ressaltando que todos os habitantes da Pan-Amazônia têm direito a uma educação que respeite sua diversidade cultural e condições socioeconômicas (Comitê do Fospa, 2024).

Ainda, requerem que as agendas de justiça social incluam sistemas de educação pública flexíveis, inclusivos e gratuitos, que integrem os conhecimentos e as experiências dos povos amazônicos: uma educação para o "bem viver". Exigem que a Educação Comunitária dos povos da Pan-Amazônia seja respeitada pelos Ministérios da Educação dos nove países que conformam a Amazônia internacional, *"reconhecendo que suas culturas educativas são fundamentais para as transformações sociais que desejam alcançar"* (Comitê do Fospa, 2024, grifos nossos).

Ao valorizar as "culturas educativas" dos povos, aproximamo-nos da perspectiva das Pedagogias Decoloniais, que há séculos vêm se afirmando como um modo "outro" de ensinar e aprender, com base em lógicas e gramáticas próprias de povos e movimentos sociais, enfrentando as colonialidades do ser, do saber e do poder, com a afirmação de que outro mundo é possível, necessário e urgente de ser construído.

As Pedagogias Decoloniais estimulam o pensar a partir de genealogias, racionalidades, conhecimentos, práticas e sistemas civilizatórios e de vida distintos. São Pedagogias que incitam possibilidades de estar, ser, sentir, existir, fazer, pensar, olhar, escutar e saber de outro modo, Pedagogias encaminhadas em direção a processos e projetos de caráter, horizonte e intenção decoloniais (Walsh, 2013).

É nesse sentido de valorização das culturas educativas dos povos que partimos do pressuposto de que a ecopedagogia — mais do que uma construção teórica nascida na América Latina — encontra-se presente, sobretudo, como "sabedoria" e "vivência", em diversas culturas de populações originárias da Amazônia e de outras regiões do mundo, e ainda em modos de sociabilidade distintos desenvolvidos por movimentos sociais de resistência, em movimentos de educação popular, em processos de agroecologia, de economia solidária ou de economias alternativas ao capitalismo predador, articuladas de alguma forma com diferentes versões da concepção do "bem viver".

Ao tomarmos as sabedorias insurgentes como campos em que se formulam ecopedagogias, baseadas na concepção de "bem viver" e em tantas outras filosofias das populações originárias da América Latina e de outros continentes, passamos a falar em ecopedagogias sempre no plural, pois reconhecemos que elas se constituem a partir de racionalidades, sensibilidades e cosmopercepções distintas.

Chamamos, portanto, de *ecopedagogias decoloniais* as sabedorias insurgentes e os modos de sociabilidade "outros", críticos ao sistema mundo moderno/colonial, presentes nas cosmopercepções das populações originárias; nas lutas sociais; nas culturas populares de movimentos sociais de resistência; e nos movimentos de educação popular da América Latina, da África e de outros continentes afetados pelos fenômenos históricos do colonialismo e da colonialidade. Essas ecopedagogias são decoloniais no sentido de que enfrentam os padrões de poder (colonialismo, capitalismo, racismo, sexismo, patriarcado, ecocídio) que historicamente têm contribuído para a subjugação das populações colonizadas do Sul global. Ao enfrentar esses padrões de poder, as ecopedagogias decoloniais fazem um processo de formação ecoético-política, que educa as pessoas para e pela sustentabilidade, pela "educação como cuidado" e pela prática do "bem viver" (Mota Neto, 2020).

Sabemos que, para os povos indígenas, o "bem viver" possui variados nomes: *Teko porã*, para os Guarani no Brasil; *Suma qamaña*, para os Aymara bolivianos; *Alli kawsay* ou *Sumak kawsay* para os Kichwa equatorianos (Turino, 2016; Walsh, 2009).

Em que pesem as diferenças de formulação do princípio do "bem viver" em cada cultura, Alberto Acosta (2016) indica quatro princípios básicos: reciprocidade, relacionalidade, complementariedade e solidariedade entre indivíduos e comunidades, como bases para formular visões alternativas de vida.

As ecopedagogias decoloniais, nesse sentido, incorporam os princípios do "bem viver" e nos permitem alargar o entendimento sobre "cidadania", concebendo-a efetivamente como "global" ou "planetária" e alicerçada na defesa da justiça socioambiental.

Carlos Alberto Torres sustenta que, em tempos neoliberais, as questões principais são como a globalização está afetando a solidariedade organizada e como a cidadania está sendo restringida pelas forças do mercado. Para ele, "com o neoliberalismo, encontramos um impulso rumo à privatização, mercantilização, performatividade e ao indivíduo empreendedor", tudo isso sustentado por uma filosofia política em que "há múltiplas razões para a competição e virtualmente nenhuma razão para a solidariedade ou colaboração com pessoas, comunidades ou países menos afortunados" (Torres, 2023, p. 48).

Com efeito, o neoliberalismo é a "nova" faceta da colonialidade global, articulada por meio da globalização hegemônica, da financeirização da economia mundial e de uma racionalidade tecnocrática e empresarial que lhe está associada.

É bastante elucidativa a compreensão de neoliberalismo de Achille Mbembe:

> O neoliberalismo baseia-se na visão segunda a qual 'todos os acontecimentos e todas as situações do mundo vivo (podem) deter um valor no mercado'. Esse movimento caracteriza-se também pela produção da indiferença, a codificação paranoica da vida social em normas, categorias e números, assim como por diversas operações de abstracção que pretendem racionalizar o mundo a partir de lógicas empresariais (Mbembe, 2017, p. 13).

O homem e a mulher do neoliberalismo são vistos como "empresários de si mesmos", são sujeitos do mercado e da dívida, sujeitos neuroeconômicos absorvidos, segundo Mbembe, "pela dupla inquietação exclusiva da sua animalidade (a reprodução biológica da vida) e da sua coisificação (usufruir dos bens deste mundo)" (Mbembe, 2017, p. 15). Regulam a sua conduta conforme as normas do mercado, "sem hesitar em se autoinstrumentalizar e instrumentalizar outros para optimizar a sua quota-parte de felicidade" (Mbembe, 2017, p. 15). Estão condenados a abraçar "a sua condição de sujeito solúvel e descartável para responder à injunção que lhe é constantemente feita — tornar-se outro" (Mbembe, 2017, p. 15).

As ecopedagogias decoloniais, pensadas a partir das culturas e dos processos educativos integrais das populações originárias, dos movimentos sociais de resistência, das culturas populares e dos movimentos de educação popular, são e devem dar a resposta crítica a esses perversos processos de desumanização, de deslegitimação do saber do "outro oprimido", bem como de imposição de violências epistêmicas e contra a natureza.

Concordamos com Achille Mbembe quando diz que "experiências contemporâneas de destruição humana sugerem que é possível desenvolver uma leitura da política, da soberania e do sujeito diferente daquela que herdamos do discurso filosófico da modernidade". Para o filósofo, "em vez de considerar a razão verdade do sujeito, podemos olhar para outras categorias fundadoras menos abstratas e mais táteis, tais como a vida e a morte" (Mbembe, 2016, p. 125).

Esse autor chama de *necropolítica* as formas contemporâneas que subjugam a vida ao poder da morte, e diz que o *necropoder* põe em funcionamento uma formação específica do terror.

> Além disso, propus a noção de necropolítica e necropoder para explicar as várias maneiras pelas quais, em nosso mundo contemporâneo, armas de fogo são implantadas no interesse da destruição máxima de pessoas e da criação de "mundos de morte", formas novas e únicas da existência social, nas quais vastas populações são submetidas a condições de vida que lhes conferem o *status* de "mortos-vivos" (Mbembe, 2016, p. 146).

Acrescentamos ao debate que a necropolítica não é apenas um projeto de destruição humana, mas também de todas as formas de vida organizadas em nossa "casa comum". Por isso, é preciso pensar em ecopedagogias decoloniais conectadas com a Terra e em todas as pessoas e formas de vida que nela habitam, em um projeto efetivamente de cidadania global e de justiça socioambiental.

As ecopedagogias decoloniais, nesse contexto, mobilizadas por grupos sociais submetidos às políticas de terror e de morte de que fala Achille Mbembe, devem engendrar esforços de formação política, de desenvolvimento da reflexão crítica contra a necropolítica, e pensar coletivamente estratégias e táticas de engajamento político para a destruição do necropoder. O movimento de luta contra a necropolítica é o próprio território onde se constituem essas ecopedagogias decoloniais, uma vez que não é possível afirmar o princípio do "bem viver" numa perspectiva de salvação individual. Ao contrário, o "bem viver" recupera a ideia de "casa comum", na qual todos os seres vivos, e não apenas os seres humanos, têm direito à vida, e pela vida se deve lutar. Vida com dignidade, com direitos, promovendo-se a justiça social, ambiental e planetária.

As ecopedagogias decoloniais nos remetem à defesa de uma educação para a cidadania global que, de acordo com Torres, aponta para três tendências no mundo contemporâneo:

> Em primeiro lugar, deve-se registrar que o mundo está mudando, as culturas estão se entrecruzando e as fronteiras estão mais permeáveis do que nunca [...]. A segunda razão é que passamos de um conceito de cidadania em uma cidade para um conceito de cidadania em um Estado nacional e agora estamos na aurora da cidadania global no que chamo de Era da Interdependência Global e do Cosmopolitismo [...]. A terceira razão principal para a educação para a cidadania global é que diferentes formas de globalização estão se confrontando com democracias cosmopolitas como modelos emergentes da organização política da cidadania (Torres, 2023, p. 50).

Carvalho e Ramos Júnior, por sua vez, defendem as ecopedagogias como "opções decoloniais", entendidas como "constrangimentos estruturais e *habitus*, tributárias de suas condições de produção e, portanto, signatárias das dores e distinções de sua própria existência e subalternidade nas relações globais de dominação" (Carvalho; Ramos Júnior, 2017, p. 53).

Concordamos com os autores e (re)afirmamos, com os povos da América Latina, ecopedagogias decoloniais que promovam políticas de cuidado e solidariedade com os humanos e os não humanos, o que só pode se efetivar no enfrentamento às estruturas coloniais das sociedades modernas, da ciência ocidentalizada e da pedagogia moderno-colonial.

As ecopedagogias decoloniais, ao se fundamentarem nas sabedorias insurgentes dos povos, em diálogo com perspectivas intelectuais crítico-transformadoras do Sul global, enfrentam os saberes modernos hegemônicos e sua "eficácia neutralizadora", de acordo com Lander (2005). Tal eficácia concorre para a legitimação da ordem social injusta e excludente que caracteriza as sociedades latino-americanas.

Para o autor, são duas as dimensões dos saberes modernos que os fazem assumir esse caráter neutralizador: primeiramente, as sucessivas separações ou partições do mundo real; em segundo lugar, a articulação dos saberes modernos com a organização do poder, especialmente com as relações coloniais/imperiais de poder (Lander, 2005).

A separação ser humano *versus* natureza é uma das principais dicotomias que precisam ser enfrentadas num projeto ecopolítico-pedagógico decolonial.

Lembramos, aqui, de Ailton Krenak (2020) que, no contexto da pandemia da covid-19, afirmou que por mais terrível que tenha sido o que nos aconteceu, precisamos entender que não somos o sal da terra, que temos de abandonar o antropocentrismo e reinventar a noção de humanidade, que se deslocou da Terra e da natureza, pior, maltratou a Terra e a natureza em nome do lucro e do consumo desenfreados. Para ele:

> Os únicos núcleos que ainda consideram que precisam se manter agarrados nessa Terra são aqueles que ficaram meio esquecidos pelas bordas do planeta, nas margens dos rios, nas beiras dos oceanos, na África, na Ásia ou na América Latina. Essa é a sub-humanidade: caiçaras, índios, quilombolas, aborígenes. Existe, então, uma humanidade que integra um grupo seleto que não aceita novos sócios. E uma camada mais rústica e orgânica, uma sub-humanidade, que fica agarrada na Terra. Eu não me sinto parte dessa humanidade. Eu me sinto excluído dela (Krenak, 2020, p. 4-5).

Krenak (2020) nos convoca a uma profunda reflexão sobre o sentido ocidentalizado de "humanidade", construído sob moldes eurocêntricos, racistas, elitistas e patriarcais. Denuncia essa humanidade que se "desgarrou" da Terra, explorando-a e maltratando-a. Ao contrário da "humanidade" perversa e degradante, Krenak nos fala de uma "sub-humanidade" dos povos originários, não no sentido de quem aceita ter seu *status* de humano rebaixado, mas exatamente por uma recusa a essa concepção eurocêntrica de humanidade. Deveríamos pensar, então, em "outra humanidade", conectada com a Terra e com a natureza, ou, melhor dizendo, uma humanidade que se sinta parte dessa Terra e dessa natureza, com relações ecológicas que pressupõem, também, o engajamento na luta política para a destruição desse sistema "humanitário" caduco.

Antônio Bispo dos Santos, em sentido próximo, nos fala da "cosmofobia" das sociedades marcadas pela colonização, como "a necessidade de desenvolver, de desconectar, de afastar-se da originalidade. A cosmofobia é a mesma coisa que o pecado original. E tudo o que é original assusta o eurocristão monoteísta" (Santos, 2023, p. 14).

As ecopedagogias decoloniais, inspiradas pela sabedoria dos povos e nos princípios do "bem viver" presentes nas culturas ancestrais, enfrentam a "cosmofobia" e contribuem para a construção de uma sociedade solidária e justa do ponto de vista socioambiental, incorporando os fundamentos dessas culturas e memórias de resistência no saber-fazer ecopedagógico e propondo práxis educativas ligadas a processos organizativos, comunitários e de economia solidária, com práticas agroecológicas e de conexão com a natureza, a Terra e o Sagrado.

Considerações finais

Falamos em ecopedagogias "decoloniais" ao longo deste capítulo, mas, precisamente por se fundamentarem em culturas, lógicas e produções intelectuais dos povos, entendemos que elas podem ser chamadas de diferentes formas.

Antônio Bispo dos Santos, por exemplo, diz que a palavra de ordem é "contracolonizar".

> No dia em que as universidades aprenderem que elas não sabem [sobre as ecopedagogias decoloniais], no dia em que as universidades toparem aprender as línguas indígenas — em vez de ensinar —, no dia em que as universidades toparem aprender arquitetura indígena e toparem aprender para que servem as plantas da caatinga, no dia em que eles se dispuserem a aprender conosco como aprendemos um dia com eles, aí teremos uma confluência. Uma confluência entre os saberes. Um processo de equilíbrio entre as civilizações diversas deste lugar. Uma contracolonização (Santos, 2023, p. 17).

O projeto contracolonial, em seus termos, pressupõe a confluência de civilizações diversas que se respeitam e aprendem umas com as outras, superando, por óbvio, as assimetrias sociais, raciais, sexuais e de gênero. Implica, ainda, a construção de conceitos que expressem os modos de vida das populações originárias e dos povos quilombolas no Brasil. Por isso, em vez de "desenvolvimento sustentável", propõe "biointeração"; no lugar de "coincidência", trouxe a força da noção de "confluência"; contra os limites do "saber sintético", traz a necessidade de se conectar com o "saber orgânico"; no lugar da "colonização", a "contracolonização" (Santos, 2023).

Trata-se, para a Pedagogia, não de um exercício retórico, mas do esforço em criar conceitos e categorias, práticas e processos, que aprendam com os povos originários a decolonizar/contracolonizar a educação, por meio de uma coexistência de epistemes e de uma solidariedade de alcance local e planetário.

As ecopedagogias decoloniais não veem os povos como objeto de conhecimento, mas como criadores de práticas epistêmicas e de políticas de afirmação da vida. Cabe aos intelectuais das universidades despirem-se do seu ego soberano para que possam entender que toda a soberania reside nas teias da vida, na terra, nas águas, nas florestas, nas folhas e no planeta.

Importante que as Pedagogias Decoloniais ou Contracoloniais levem em conta os três domínios identificados pela Organização das Nações Unidas para a Educação, a Ciência e a Cultura (Unesco) para a formação de uma cidadania que consiga enfrentar os desafios postos na atualidade que, apesar dos negacionismos, afetam grande parte da humanidade e a vida no planeta: o *domínio cognitivo*, que se refere a informações e conhecimentos sobre a realidade; o *domínio socioemocional*, que implica conectar os conhecimentos com a trama emocional na qual se encontram inseridos e que tem uma modelagem histórica e social; e o *domínio atitudinal*, que envolve ações concretas em nível local e participação na via social e política, em nível regional e nacional (Unesco, 2015).

Acreditamos que dar atenção a essas três dimensões significa revisitar a noção freiriana de conscientização. Para Paulo Freire, são dimensões que necessariamente se encontram na prática educativa conscientizadora. Em suas palavras: "Sou uma inteireza e não uma dicotomia. Não tenho uma parte esquemática, meticulosa, racionalista e outra desarticulada, imprecisa, querendo simplesmente bem ao mundo. Conheço com meu corpo todo, sentimentos, paixão. Razão também" (Freire, 1995, p. 18).

Nosso texto mostra que estamos diante de um movimento pedagógico em construção. São práticas esparsas que esperam ser conectadas, e há ensaios com nomeações que indicam busca de clareza para dar os próximos passos. Talvez o que diferencie a presente crise de outras já vividas é que não há um "final feliz" à vista em curto e médio prazo. A colonialidade perpassa nossas vidas individuais, nossas relações interpessoais e nossas vinculações institucionais de forma muitas vezes imperceptível, o que implica libertar a própria Pedagogia das armadilhas epistemológicas e didáticas construídas ao longo de séculos com promessas salvacionistas.

Referências

ACOSTA, A. *O bem viver*: uma oportunidade para imaginar outros mundos. São Paulo: Autonomia Literária; Elefante, 2016.

CARVALHO, E. S. S.; RAMOS JÚNIOR, D. V. Do desenvolvimento sustentável ao envolvimento integrado. Ecopedagogias como opções decoloniais. *Revista Iberoamericana de Educación*, [s. l.], v. 73, p. 35-60, 2017.

COMITÊ INTERNACIONAL DO FÓRUM SOCIAL PAN-AMAZÔNICO (FOSPA). *El Mandato del XI Foro Social Panamazónico*. Rurrenabaque, 12 a 15 jun. 2024. Disponível em: https://repam.org.br/wp-content/uploads/2024/06/Mandato-XI-FOSPA.pdf. Acesso em: 4 jun. 2024.

FREIRE, P. À *sombra desta mangueira*. São Paulo: Olho d'Água, 1995.

GADOTTI, M. *Ecopedagogia, pedagogia da terra, pedagogia da sustentabilidade, educação ambiental e educação para a cidadania planetária*: conceitos e expressões diferentes e interconectados por um projeto comum. São Paulo: Instituto Paulo Freire, 2009. Disponível em: http://acervo.paulofreire.org:8080/jspui/bitstream/7891/3397/1/FPF_PTPF_01_0420.pdf. Acesso em: 28 mar. 2020.

GONÇALVES, A. A ecopedagogia do cuidado em Leonardo Boff. *Protestantismo em Revista*, São Leopoldo, v. 39, p. 49-58, set./dez. 2015.

GUTIÉRREZ, F.; PRADO, C. *Ecopedagogia e cidadania planetária*. 3. ed. São Paulo: Cortez Editora, 2013.

KRENAK, A. *O amanhã não está à venda*. São Paulo: Companhia das Letras, 2020.

LANDER, E. Ciências sociais: saberes coloniais e eurocêntricos. *In*: LANDER, E. (org.). *A colonialidade do saber*: eurocentrismo e ciências sociais — perspectivas latino-americanas. Buenos Aires: Clacso, 2005.

MBEMBE, A. Necropolítica. *Arte & Ensaios*, Rio de Janeiro, n. 32, p. 123-151, dez. 2016.

MBEMBE, A. *Crítica da razão negra*. 2. ed. Lisboa: Antígona, 2017.

MISIASZEK, G. W. *Ecopedagogy*: critical environmental teaching for planetary justice and global sustainable development. London: Bloomsbury, 2000.

MISIASZEK, G. Reinventing our comparisons: de-colonializing, de-alienating comparative education for peace, justice, and planetary sustainability. *Beijing International Review of Education*, v. 2, n. 4, p. 483-490, 2020. DOI: https://doi.org/10.1163/25902539-02040001.

MOTA NETO, J. C. *Por uma Pedagogia Decolonial na América Latina*: reflexões em torno do pensamento de Paulo Freire e Orlando Fals Borda. Curitiba: CRV, 2016.

MOTA NETO, J. C. da. Espiritualidade, sensibilidades e produção do conhecimento em tempos de coronavírus: uma escrevivência sobre o sagrado e as ecopedagogias decolonias. *Religare*: Revista do Programa de Pós-Graduação em Ciências das Religiões da UFPB, João Pessoa, v. 17, n. 1, p. 41-78, 28 set. 2020.

SANTOS, A. B. dos. *A terra dá, a terra quer*. São Paulo: Ubu Editora; Piseagrama, 2023.

TORRES, C. A. *Fundamentos teóricos e empíricos da educação para a cidadania global crítica.* Caxias do Sul: Educs, 2023.

TURINO, C. Prefácio à edição brasileira. *In*: ACOSTA, A. *O bem viver*: uma oportunidade para imaginar outros mundos. São Paulo: Autonomia Literária; Elefante, 2016. p. 13-16.

UNESCO. *Global citizenship education*: topics and learning objectives. Paris: Unesco, 2015.

WALSH, C. *Interculturalidad, Estado, sociedad*: luchas (de)coloniales de nuestra época. Quito: Universidad Andina Simón Bolívar; Ediciones Abya Yala, 2009.

WALSH, C. Lo pedagógico y lo decolonial: entretejiendo caminos. *In*: WALSH, C.(ed.). *Pedagogías decoloniales*: prácticas insurgentes de resistir, (re)existir y (re) vivir. Quito: Ediciones Abya-Yala, 2013.

CAPÍTULO 5

Pedagogia do Sentido na Vida: princípios, saberes e práticas

David Moises Barreto dos Santos

Introdução

A Pedagogia do Sentido na Vida é uma concepção pedagógica inspirada no pensamento fenomenológico-existencial-humanista de Viktor Frankl (1905-1997), neuropsiquiatra e filósofo austríaco, sobrevivente de quatro campos de concentração, professor da Universidade de Viena e fundador da Logoterapia e Análise Existencial. Ela tem como centro o desenvolvimento integral do ser humano, que é permanentemente orientado para um sentido na vida, isto é, uma tarefa pessoal e única, que remete a algo ou alguém diferente de si mesmo, perante cada situação concreta da existência (Santos; Pinheiro, 2025). Essa pessoa não é livre de condicionamentos biopsicossociais em cada circunstância, mas é livre para se posicionar diante deles. É responsável, por meio de sua consciência, por encontrar a melhor resposta para cada situação, justamente aquela que tem mais sentido.

Sentido na vida em Frankl não é apenas um conceito ou um constructo, pois está vinculado a uma ideia de ser humano conforme a tradição existencialista (Batthyany; Russo-Netzer, 2014; Santos; Pinheiro, 2025). Assim, a ênfase no sentido na vida não restringe a atuação pedagógica, mas amplia quando considera o ser humano em usa integralidade. Em um período no qual as demandas emocionais têm disputado tempo com as preocupações pedagógicas, é crucial pensar em uma proposta educacional que contemple o desenvolvimento integral do ser humano. Somam-se a isso diversos outros desafios contemporâneos, entre eles, o ensimesmamento do indivíduo, o agravamento das desigualdades sociais e a falta de perspectiva — ou sentimento de vazio — dos jovens que tem sido expressa constantemente, por diversas razões, em todas as camadas sociais.

Estudos de diferentes vertentes e autores têm apontado para conclusões em comum sobre o papel medular do sentido na vida do ser humano, ainda que se possam apresentar algumas nuances entre elas. Um primeiro aspecto diz respeito à motivação. Para Frankl (2003), o sentido na vida é a principal força motriz do ser humano, que orienta a existência a cada momento e dá força para seguir adiante e, se necessário, enfrentar, suportar e superar os desafios e o sofrimento. Pesquisas mostram que esse foi um aspecto necessário para a sobrevivência de prisioneiros de guerra e de campos de concentração (Frankl, 2003; 2008). William Damon (2009; 2021), que tem pesquisado esse tema desde o início deste milênio, também constatou que é um fator motivacional basilar para o ser humano, sobretudo para a juventude.

Kendall Bronk (2014) revisou diversas teorias do desenvolvimento e constatou que o sentido na vida aparece em uma posição central em todas elas — embora possa variar o seu papel —, enquanto outros elementos aparecem em um modelo, mas não em outros. Esse achado reforça o quanto o sentido na vida está associado a um desenvolvimento humano positivo.

Por fim, um crescente número de estudos empíricos também tem apresentado evidências robustas da correlação positiva entre sentido na vida e vários marcadores de saúde. Em síntese, eles apontam que pessoas com maiores índices de sentido na vida estão mais associadas a atitudes de promoção à saúde, redução de sofrimento psicológico e maior bem-estar, enquanto aquelas com menores índices de sentido ou com a presença de crises existenciais significativas estão relacionadas a maiores incidências de comportamentos de risco e maiores índices de depressão, uso de substância, entre outros elementos (Brassai; Piko; Steger, 2011; Damon, 2009; Fischer *et al.*, 2020; Steger, 2017; Steger *et al.*, 2014).

Dada essa relevância, atualmente há diversas iniciativas que buscam pensar, desenvolver e implantar uma concepção de educação pautada no sentido na vida nas escolas em diversos países do mundo, como Brasil, Estados Unidos, Espanha, África do Sul, Itália, Argentina, China, Finlândia, Coreia do Sul, entre outros (Bruzzone, 2011; Damon; Colby, 2022; Del-Rio, 2019; Freitas, 2017; Malin, 2018; Reilly; Mariano, 2021; Tirri; Moran; Mariano, 2016). Todavia, é importante destacar que, apesar desses aspectos relevantes relacionados ao desenvolvimento e ao bem-estar, no pensamento frankliano, eles seriam uma consequência de uma vida vivenciada com sentido, direcionada para alguma causa ou alguém diferente de si mesmo, aberta ao outro e ao mundo.

A felicidade é uma consequência da busca e da realização de sentido, pois, "originariamente, o que o homem quer não é, nem de longe, ser feliz; o que quer é ter um fundamento, uma razão para ser feliz!" (Frankl, 2003, p. 203). Assim, a Pedagogia do Sentido na Vida não possui como horizonte primeiro um bem-estar, mas um bem-ser (Del-Rio, 2019), no sentido de buscar a melhor versão de si mesmo, que esteja sempre estabelecendo um vínculo intencional e significativo com o mundo. Neste capítulo, vamos apresentar introdutoriamente essa Pedagogia do Sentido na Vida em termos de princípios, saberes docentes e práticas pedagógicas.

Princípios

A Pedagogia do Sentido pode ser estruturada a partir de três princípios complementares entre si: educar a pessoa integralmente, difundir conhecimento e aguçar a consciência. O primeiro princípio reconhece que o ser humano é uma unidade antropológica biopsico-espiritual, apesar das diferenças ontológicas. Enquanto as dimensões biológicas e psíquica são compartilhadas com outros seres vivos — ainda que em menor complexidade —, a dimensão espiritual[1] é aquela em que residem os fenômenos exclusivamente humanos, a exemplo da busca de sentido, responsabilidade, liberdade, consciência, autodistanciamento, autotranscendência, amor, humor.

Assim, um ponto de partida importante é compreender melhor tal dimensão. O ser humano possui condicionamentos biológicos, psíquicos e sociais, mas não é um condicionamento absoluto. Em última instância, ele pode decidir que atitude tomar perante as circunstâncias em que se encontra. Isso ficou evidente, por exemplo, nos campos de concentração, na forma como os prisioneiros lidavam com os seus destinos (Frankl, 2008). A força de permanecer lutando pela vida vinha da consciência de uma tarefa relevante que ainda deveria ser cumprida, como (re)encontrar uma pessoa amada ou continuar um trabalho profissional inacabado. É fundamental destacar aqui a capacidade humana de autodistanciamento, de se distanciar de si para tomar uma posição; e de autotranscendência, de transcender os seus condicionamentos em prol de alguma causa ou alguém (Frankl, 2008; 2011).

Na verdade, o ser humano está sempre direcionado para algo ou alguém diferente de si mesmo, por essa razão, descobrir um sentido na vida sempre envolve um movimento para fora de si, ainda

1. Para evitar uma conotação religiosa equivocada, em vez de espiritual, Frankl (2011) preferia chamar de dimensão noética ou noológica, pois o termo provém do grego *nous*. Porém, aqui manteremos o termo espiritual dada a tradição filosófica da Fenomenologia.

que esteja atrelado à subjetividade — é transubjetivo (Frankl, 2003). Quando nega essa natureza, pode cair em uma crise existencial. A autotranscendência constitui a essência da existência humana, o mais alto grau de desenvolvimento humano.

Retomando ainda a liberdade como constitutiva da existência humana, podemos dizer que ela sempre evoca um "para que", que é a responsabilidade, a capacidade de a pessoa responder a perguntas cotidianas da vida: "jamais importa o que nós ainda temos a esperar da vida, mas sim exclusivamente o que a vida espera de nós" (Frankl, 2008, p. 101). E o que escolher diante de cada pergunta, de cada circunstância da vida? A consciência é o melhor recurso humano para escolher a resposta mais adequada, a mais importante, a que tem mais sentido, aquela que aponta o que deve ser feito, quem a pessoa deve se tornar.

A Pedagogia do Sentido não é, todavia, uma pedagogia somente do espiritual, mas do ser humano em todas as suas dimensões. Ela parte do espiritual, mas para compreender melhor e desenvolver o biopsíquico. Frankl criticou veemente e recorrentemente as leituras científicas reducionistas que restringiam seus olhares a aspectos estritamente vinculados a uma única dimensão humana. Apesar das contribuições que certamente trazem, muitas abordagens pedagógicas ainda insistem em um olhar parcial da pessoa, negligenciando outros aspectos relevantes e até a dignidade humana. Olhar uma criança apenas pelas suas necessidades biológicas ou só pelas suas demandas psicológicas ou, ainda, focando unicamente o seu entorno social é deixar de considerar o potencial e a riqueza do ser humano. Em certa ocasião, Frankl afirmou:

> [...] na qualidade de professor de duas disciplinas, neurologia e psiquiatria, sou plenamente consciente dos limites aos quais o homem está sujeito pelos condicionamentos biológicos, psicológicos e sociológicos. Mas, além de ser professor de duas disciplinas de dois campos científicos diversos, sou também sobrevivente de quatro campos — ou seja,

> de campos de concentração — e como tal sou também testemunha do grau incrível a que pode chegar o homem no desafiar e enfrentar mesmo as piores condições imagináveis (Frankl, 2005, p. 42).

Em outras palavras, a Pedagogia do Sentido na Vida considera as diferentes demandas da pessoa, mas sem perder de vista o potencial humano, aquilo que a mantém saudável, aquela(s) potencial(is) tarefa(is) significativa(s) que pode(m) guiar a existência.

O segundo princípio é a difusão do conhecimento científico e cultural, que deve colaborar para uma visão ampla de mundo e uma concepção integrada de ser humano, apesar da compartimentalização da ciência e, consequentemente, dos componentes curriculares. O problema não é a especialização do conhecimento, mas a generalização do conhecimento especializado, o que gera justamente visões distorcidas, fragmentadas e reducionistas do ser humano (Frankl, 2011). Portanto, o conhecimento deve enriquecer e ampliar a visão de mundo e de ser humano, em vez de estreitá-la.

No entanto, Frankl (2011) destaca ainda que, mais do que difundir conhecimento, a finalidade da educação deve estar no aguçar a consciência da pessoa para a tomada de decisões autônomas e autênticas. Isso significa lançar mão da consciência para descobrir o sentido a ser realizado em cada situação única da existência, respondendo às demandas e aos dilemas da vida (Santos; Pereira, 2023). É desenvolver capacidade de escolher e "aprender a distinguir o que é essencial do que não o é, o que tem sentido do que não o tem, o que possa alguém ser responsabilizado daquilo que escapa à liberdade de agir" (Frankl, 1990, p. 19). O foco nessa abordagem não é o indivíduo, mas a sua relação com "com as possibilidades de sentido presentes no mundo, que vão progressivamente constituindo, formando e transformando o sujeito, na medida em que este vai se capacitando para dar respostas efetivas, concretizadas na ação" (Miguez, 2019, p. 112). Ou seja, é um processo que sempre leva a pessoa a sair de si mesma, estabelecendo um vínculo intencional com o mundo.

A partir de um olhar fenomenológico, Frankl (2011) identificou três caminhos para a pessoa descobrir sentido na vida: 1) criatividade, ao se dedicar a atividades produtivas, como projetos, trabalhos e criações que trazem uma contribuição ao mundo ou à vida de outras pessoas; 2) experiências, vivenciando algo significativo com a natureza, a arte, a cultura, a beleza e Deus, entre outras possibilidades. Ou estabelecendo relações profundas com outras pessoas por meio do amor, da amizade e da solidariedade, por exemplo. Se, na criatividade, a pessoa contribui com o mundo de algum modo, nesse caminho ela que é enriquecida com o que faz parte do mundo; 3) sofrimento, tomando um posicionamento positivo quando se depara com situações dolorosas inevitáveis. Trata-se de crescer interiormente para além do sofrimento. No contexto educacional, esses caminhos são muito promissores para um aprendizado integral e frutuoso, contribuindo para a capacidade do estudante de conhecer, criar, contemplar, amar, conviver e sofrer (Moreira; Pereira; Santos, 2023; Santos; Pereira, 2023).

Saberes e práticas docentes

Nesta seção, apresentaremos brevemente cinco saberes docentes fundamentais em uma Pedagogia do Sentido na Vida, os quais foram derivados dos princípios supracitados. Também exemplificaremos cada saber com práticas pedagógicas. Esse conjunto de saberes, bem como as práticas ilustradas, é resultante de pesquisas teóricas e empíricas que desenvolvemos nos últimos anos (Moreira; Pereira; Santos, 2023; Pereira, 2024; Santos; Santos, 2024).

1. *Considerar a pessoa integralmente*: destaca a importância de um olhar para a pessoa do estudante como unidade antropológica, sem restringir a abordagem pedagógica a uma única dimensão. Aqui, está uma reflexão de uma professora sobre a sua prática pedagógica nessa perspectiva:

> Muitas vezes o professor tem aqueles esquemas estereotipados. Esse é aquele que brinca o tempo todo, aquele é que não aprende, o outro é preguiçoso, o outro é isso, o outro é aquilo. Quando a gente tira essa venda do olho aí, e a gente começa a enxergar o aluno como um ser humano, principalmente como adolescente, a coisa muda da água para o vinho. Eu tenho assim, N experiências, N relatos de alunos problemáticos, alunos conflituosos, alunos que só brincam, e que comigo eles vão bem, eles se abrem, eles me respeitam, eu respeito. [...] Então, quando eu tenho essa visão, [...] eu começo a olhar o aluno como uma pessoa capaz, e eles percebem isso [...] quando você olha para o aluno, você respeita esse aluno, você vê que ele não é só uma nota fraca, ele não é só uma nota ruim, ele não é só um comportamento agressivo, ele tem muito mais para dar, então aí realmente tem uma mudança muito grande dentro da sala de aula. [Profa. Gisele] (Pereira (2024, p. 76).

É essencial conhecer quem é a pessoa hoje, contudo, mais importante é vislumbrar quem ela pode vir a ser, quem pode se tornar. Evidentemente, cada etapa escolar e mesmo a inclusão no processo educativo possuem demandas próprias relativas a aspectos físico-motores, intelectual-reflexivos, cognitivos ou psicossociais. Porém, não se pode perder de vista esse olhar integral a partir do espiritual que pode encorajar a pessoa a, todo momento, vir a transcender condicionamentos e dificuldades mediante uma tarefa significativa a realizar. Assim, esse saber implica, consequentemente, reconhecer a busca de sentido, como força motriz, como fenômeno autêntico e permanente da existência humana. É um olhar positivo para aquilo que é saudável no ser humano. Na esteira dessa perspectiva, uma escola implementou uma espécie de livro de excelências — em oposição ao livro de advertências —, no qual o estudante é chamado pela coordenação da escola e, na presença de seus pais ou responsáveis, recebe:

> [...] um elogio por escrito por um comportamento significativo, ou por melhora de notas em relação a si mesmo, ou por qualquer motivo

> que revela uma excelência colocada ao serviço do bem comum. Não importa se o aluno já tenha recebido advertências ou ainda não seja excelente em tudo, o que é relevante é seu esforço por melhorar (Freitas, 2017, p. 109).

A autora relata ainda que os registros nesse livro aumentaram, enquanto as advertências diminuíram. É um olhar que tem uma consequência concreta na transformação da realidade.

2. *Aguçar a consciência*: almeja ampliar a percepção de sentido do estudante, que muitas vezes se encontra limitada, borrada, turva. Frankl afirma que é justamente "lá onde essa vontade [de sentido] é inconsciente, [que] precisamos primeiro estimulá-la, na medida em que oferecemos a ela oportunidades e possibilidades concretas e pessoais de preenchimento de sentido" (Frankl, 2012, p. 123). Nesse caminhar, o processo educativo, com o suporte do professor, precisa buscar sempre, na medida do possível, oferecer um leque de oportunidades significativas para os estudantes, encorajar a reflexão em torno dessas oportunidades e favorecer a realização daquelas mais significativas. Trata-se de ajudar a reconhecer os condicionantes biopsicossociais nas situações, mas sem deixar de também encorajar a identificação do que é possível, das oportunidades significativas, apesar desses limites. O depoimento a seguir de um professor de música mostra como ele buscou ampliar a capacidade de seus estudantes de perceber outras possibilidades em um momento desagradável:

> Estavam programados para ir à piscina, mas o tempo estava ruim, então a coordenadora conversou com os alunos explicando que o melhor para eles seria que não fossem. A turma se revoltou e fez birra de criança de três anos de idade, embora estivesse no 4º ano do Ensino Fundamental. Até xingamentos fizeram; então, de acordo com as normas da escola, foram realmente impedidos pela Direção de nadar naquele dia. Muitos nervosos estavam quando cheguei para dar aula; falei sobre resiliência e também que grandes músicos fizeram grandes obras musicais quando estavam em situações de mágoa ou desconforto. Assim, propus

> expressar o que eles estavam sentindo na composição de uma música, com a minha ajuda. Ficou assim:
>
> Tô muito mal / mais que o normal / OMG para você
> Você estragou / sei que não vou / me refrescar, quero brincar
> Vou esperar / para limpar / só uma chance, quero ganhar
> Sei que aprendi / a não chorar / resiliente, vou ficar
>
> Depois disso, juntamente com a coordenadora, fizemos uma assembleia com a turma pela atitude que tiveram, transformando a raiva em música (Freitas, 2017, p. 170).

Não foi possível fazer uma atividade programada que entusiasmasse os estudantes, porém o professor não apenas encorajou outra possibilidade, como também favoreceu a sua realização. É importante destacar, todavia, que não é o professor — ou qualquer outra pessoa — que tem a capacidade de dizer qual é o sentido de uma dada situação para o estudante, pois somente a própria pessoa é capaz de intuir com a sua consciência o que é mais significativo. O professor pode apoiar esse processo levantando possibilidades, encorajando, refletindo. O excerto a seguir, que resume uma prática pedagógica com crianças entre cinco e seis anos, retrata esse papel do docente:

> Nós temos também aqui o projeto da obra bem-feita, que é onde a criança vai estar por ela mesma aguçando a sua consciência, marcando numa casinha — baseada na história dos três porquinhos. Ela vai estar colocando nessa casinha o que realmente ela faz, se aquilo que ela está fazendo está sendo de maneira bem-feita ou não.
> Então, por exemplo, ela tem ao longo do dia todas as atividades que ela tem que fazer. E aí nesse dia: "Olha, como que você acha que você foi hoje? Você fez uma obra bem-feita? Você deu o seu melhor?" "Ah, eu dei, então eu vou pintar de verde." "Ah, eu não dei, hoje eu não fiz nada, não fiz tarefa, ah, eu vou pintar de vermelho." "Ah, eu fiz mais ou menos, então eu vou pintar de amarelo."

> Então, a criança é que vai estar fazendo esse trabalho, não é a professora que vai falar: "Olha, hoje você não foi legal." "Hoje você não conseguiu fazer atividade." Não. É a criança que vai perceber por ela mesma, vai aguçar a sua consciência e vai ver como foi o dia dela. "Ah, eu tenho que melhorar, eu posso melhorar nisso, eu posso ser melhor nisso." "Eu não dei o meu melhor." Então, a gente consegue, através desses projetos, fazer com que a própria criança tenha a capacidade de ver se realmente aquilo que está sendo feito está sendo feito de uma maneira correta ou não (Pereira, 2024, p. 90).

Aguçar a consciência é responder às circunstâncias da vida, buscando intuir aquilo que tem mais sentido de ser realizado. Problematizar e debater temáticas existenciais, como conflitos de consciência e necessidades comunitárias e globais, podem ser caminhos profícuos para a descoberta de sentido e soluções (Moreira; Pereira; Santos, 2023).

3. *Encorajar a autotranscendência*: conforme já destacado, a autotranscendência é a essência da existência humana; portanto, o atuar docente deve ter sempre essa perspectiva como horizonte. Torna-se fundamental saber incentivar os estudantes a saírem de si mesmos em prol de algo significativo ou alguém. Trata-se de transcender o que está posto de modo limitante, buscando oportunidades carregadas de sentido para realizar. O relato da professora no Quadro 1 mostra o quanto envolver os estudantes no processo de inclusão e aprendizado pode não apenas facilitar tal processo, como também ampliar o desenvolvimento de todos como pessoas.

Quadro 1. Relato de professora Bianca.

O ano passado eu tive um autista grau 2 de nível de suporte e ele era muito agressivo. Era uma criança que tinha uma agressividade muito grande. Quando ele tinha crise, ele jogava tudo. Ele jogava mesa, jogava cadeira. As crianças ficavam muito assustadas no começo. Eu tenho neuropsicopedagogia também, então eu fui adotando algumas estratégias pra lidar com as crises, mas trabalhava muito isso com a sala. Essa questão do olhar o outro com aquilo que ele pode ser, valorizar as potencialidades, a autotranscendência, aquilo que eles poderiam fazer pelo outro. Trabalhamos em abril o Mês do Autismo. Eu falei um pouco de autismo na sala. Ele mesmo levantou a mãozinha e falou: "Professora, eu sou autista". Quando ele falou, a gente começou mesmo a trabalhar o que é o autismo, fizemos uma campanha na escola de conscientização do Mês do Autismo.

E quando chegamos no meio do ano passado, quando essa criança tinha as crises, eu não precisava mais mediar essas crises porque as próprias crianças da sala de aula ajudavam. E às vezes ele aceitava mais as crianças do que eu se a crise vinha como consequência de alguma coisa minha: de um limite, de uma regra, de algo que eu não deixei que acontecesse.

Então ele ficava com raiva de mim e jogava tudo e as próprias crianças iam lá e faziam igual eu fazia: "Calma. Vai passar. Está tudo bem. Não precisa jogar as coisas. Eu estou aqui". E as próprias crianças já faziam essa mediação com ele. Mas, por quê? Por conta dessa visão de que cada pessoa é única, irrepetível, tem a sua história, tem o seu valor. E fazer esse movimento autotranscendente de olhar para o outro.

É interessante que o Viktor Frankl usa uma metáfora que eu gosto muito, que ele fala que se o nosso olho enxerga a si mesmo é porque a gente está com alguma doença. Ou uma catarata, ou alguma mancha no olho pra ele enxergar a si mesmo porque o nosso olho é feito para olhar além de nós mesmos. Não é um órgão que olha a si mesmo. Se isso acontece é porque ele está doente. A gente precisa ter esse olhar amplo.

No final do ano passado eu fiquei muito satisfeita porque a sala toda acolhia essa criança. Eu falava: "Nossa! São crianças que se estiverem no trabalho e se tiver alguém com autismo, eles vão ajudar, eles vão entender, eles vão acolher". Eles cuidavam o tempo todo. Se essa criança saísse da sala de aula, eles falavam: "Não professora, pode deixar que eu vou atrás, pode deixar que eu converso".

Teve uma vez que ele jogou uma mochila em mim. Foi muito difícil pra mim porque eu pedi pra ele colocar a mochila pendurada atrás da cadeira e eu não esperava. Fui para a minha mesa. Quando eu cheguei na minha mesa ele jogou a mochila. Bateu no meu rosto. Eu fiquei muito chateada porque eu não esperava o gesto dele, eu não esperava que a mochila ia vir em mim, enfim. Depois disso as crianças se preocupavam com ele e comigo. Às vezes eu falava mais firme com ele e as crianças falavam: "Professora, cuidado. Ele pode jogar a mochila em você de novo". Eles tinham toda essa preocupação, mas compreensão também. Compreensão do outro e das suas limitações quando tem essas inclusões mais sérias ou as próprias diferenças na sala de aula.

Fonte de pesquisa: PEREIRA, A. R. A. *O ser professor na pedagogia do sentido*: identidade, saberes e práticas. 2024. Dissertação (Mestrado Acadêmico em Educação) — Departamento de Educação, Universidade Estadual de Feira de Santana, Feira de Santana, 2024. p. 83-85.

A mesma professora ainda relata que também estimula a autotranscendência em outras situações pedagógicas, como a descrita logo a seguir. Os estudantes são encorajados a colaborarem entre si, focando não apenas o seu aprendizado, mas também o aprendizado dos colegas, de modo a criar um clima de cooperação e de amizade na sala de aula.

> E essa questão da própria autotranscendência também. Eu procuro incentivá-los. A gente tem crianças que tem mais facilidade. Eu tenho vinte e cinco crianças e tem algumas com bastante dificuldade, então eu sempre faço essa proposta de quem terminou primeiro ajudar o amigo. Então eles escolhem pessoas que eles querem ajudar, que têm mais dificuldade, e eles vão lá, sentam do lado, ajudam. Então hoje eles conseguem também oferecer. Ir além deles mesmos. Então não basta só eu terminar minha atividade, eu preciso ajudar alguém pra que a sala toda consiga concluir a atividade. Então eu só paro uma atividade depois que todo mundo concluiu. Como eu sou uma só, eu ajudo alguns que precisam mais de um direcionamento, mas aqueles que é só mais uma dificuldade, uma coisa mais tranquila, eles se ajudam entre eles. Eles se importam com o outro, eles se importam se estão aprendendo, se o outro também terminou. Isso é todos os dias. É algo que acontece todos os dias na sala de aula (Bianca) (Pereira, 2024, p. 77).

Marina Freitas (2017) descreve diversas situações e projetos pedagógicos nos quais a autotranscendência ocupa um eixo central.

A presença da autotranscendência demonstra ser essencial e um caminho frutuoso para o desenvolvimento humano.

4. *Contextualizar o conteúdo com a realidade*: articular o conteúdo curricular, em alguma medida, com a história de vida, a realidade e o contexto histórico-cultural do estudante é uma tarefa crucial para melhor compreender e pensar a si mesmo e o mundo. Quanto mais os conteúdos vão tendo sentido para o estudante, mais também a vida dele pode se tornar mais significativa. A professora Keyla exemplifica uma prática desse saber:

> Quando eu contextualizo qualquer conteúdo, relacionando-o à vida prática, ao dia a dia, ao que eles vivenciam dentro de uma rotina, eu consigo trazer a importância de viver com a importância de aprender aquele conteúdo. Quando a gente junta essas duas coisas, a gente traz um sentido pra existência dele. E isso eu acho que é a melhor contribuição. [...] Por exemplo, quando a gente pega um conteúdo de matemática, de raciocínio lógico e aplica com essa criança dentro do que ela vivencia em um mercado, numa negociação, em casa ou entre colegas. E a gente faz isso, a gente chama de *role play*. Essas trocas de papel com eles aqui dentro da escola e eles sentem a importância daquilo ali. É uma boa contribuição de mediação de conteúdo. Quando a gente utiliza, por exemplo, um *storytelling*, um filme ou um livro com uma história que faz sentido para aquela faixa etária e a criança e gera reflexões nesse aluno sobre o porquê, sobre o para quê, sobre o como viver, como usar aquela lição, aquela história na vida real (Pereira, 2024).

Estudantes frequentemente têm se questionado sobre a utilidade deste ou daquele assunto para as suas vidas. Esse saber pode atender a essa demanda, desde que não caia em um utilitarismo. A contextualização vai além de atribuir uma utilidade a um conteúdo, pois tem o potencial de favorecer a aprendizagem, ampliar o vínculo estudante-professor e despertar para tarefas significativas, sejam aquelas propostas pelos professores ou percebidas pelos próprios alunos a partir da prática pedagógica. Para ilustrar, o tópico de energia renováveis em Física, após uma experiência na escola, poderia instigar alguns estudantes a desenvolverem protótipos de painéis solares caseiros ou pequenos geradores eólicos. Métodos ativos, como a abordagem baseada em projetos, podem ter esse potencial, desde que tenham uma intencionalidade pautada na Pedagogia do Sentido na Vida (Araujo *et al.*, 2016).

É possível articular os conteúdos curriculares com atividades educativas que possibilitem a descoberta de sentido através daqueles caminhos mencionados: criatividade, experiências e sofrimento. Em contrapartida, não é todo conteúdo curricular que oferecerá uma relação direta com a vida e a realidade do estudante ou despertará o interesse dele. Por essa razão, é importante também o professor incentivar os alunos ao que pode ser chamado de realizações prévias de sentido (Lukas, 1990, p. 74), que consiste em uma confiança de que haverá possibilidades de realização de sentido que, provavelmente, não existiriam sem essa aprendizagem ou a etapa escolar à qual eles estão se dedicando. Steve Jobs, fundador da Apple, fez um curso de caligrafia sem nenhuma pretensão quando tinha 18 anos, e esse conhecimento adquirido acabou sendo chave para a estética pioneira da interface do primeiro computador Macintosh, lançado 11 anos depois. É evidente que pode haver assuntos que nunca mais sejam abordados na vida de uma pessoa, mas isso não retira absolutamente a necessidade de uma confiança no processo educativo e, sobretudo, no sentido na vida.

5. *Dialogar*: diálogo vem do grego "dia", significando "através" ou "entre"; e "logos", que quer dizer "palavras", "discurso", "sentido", "razão". Pode-se dizer que é "através da palavra" ou "troca de palavras", remetendo a uma ideia de compreensão por meio do compartilhamento de ideias e argumentos. Saber dialogar, na verdade, faz parte de qualquer processo educativo, porém, na Pedagogia do Sentido na Vida assume nuances próprias. Na esteira da autotranscendência, destacamos primeiramente o caráter de acolhimento e de abertura ao outro (Santos; Santos, 2024), que implica muitas vezes

começar com uma escuta atenta e sensível e, depois sim, conversar, perguntar, ponderar. Isso é ainda mais importante na resolução de conflitos (Pereira, 2024). Vejamos o relato da professora Maria:

> Sabe algo que eu descobri ao longo desses anos trabalhando com logoterapia? A disponibilidade da escuta. Isso ajuda a resolver muito os conflitos. Então, eu oriento os professores nesse assunto. Às vezes, a sala de aula está pegando fogo. E aí quando você chega, a forma como você chega na sala pode aumentar ou diminuir o problema. E aí você chegar e você escutar. Porque quando você escuta, você dá espaço para o outro falar. Ele por si só vai se ouvindo. Muitas vezes, eu escuto todo mundo. Quando eu termino, eles falam assim: não, a gente já entendeu. O erro está em tal lugar assim, assim, assim. A gente vai corrigir. Às vezes, eu não preciso nem falar nada. [...] A partir dessa escuta vem essa possibilidade de diálogo. Muitas vezes eu nem falo, eu só escuto. E aí fecha a reunião, eu arremato, mas as coisas, elas por si só, elas já vão... O fenômeno, ele vai surgindo. Vai acontecendo ali um encontro existencial. Muitas vezes as palavras, elas são desnecessárias em alguns momentos se você abre esse espaço para a escuta (Pereira, 2024).

Maria apontou nesse trecho que o diálogo pode favorecer um encontro existencial. Nesse caso, um diálogo que estava em uma dimensão psicofísica, envolvendo tudo que lhe é próprio — gestos, afetos, cognição etc. —, adentra a dimensão espiritual, alcançando sentido e valores (Santos; Santos, 2024). Frankl (2005) destaca que um encontro autenticamente existencial não pode estar baseado em uma mera autoexpressão, mas ser mediado por um sentido na vida, por uma autotranscendência mútua.

Nesse sentido, o diálogo socrático tem um lugar privilegiado como uma estratégia para aguçar a consciência, de fazer emergir nela uma tarefa significativa que deve ser realizada (Bruzzone, 2011). Embora possa ser usado em outros contextos de ensino de conteúdos curriculares para favorecer o aprendizado, não se trata de uma discussão intelectual, porque estamos falando da dimensão espiritual: a finalidade é escutar a consciência em busca de uma perspectiva de sentido ali onde tudo já parece determinado. Muito menos é argumentação ou manipulação, pois está mais direcionado para uma troca de experiências, uma busca mútua por sentido. Eis um exemplo do uso de diálogo socrático:

> Um instrumento que eu uso muito é essa questão do diálogo socrático. Porque nele a gente vai questionar aquilo que o aluno acredita. Se aquilo realmente ele acredita. E aí existe esse aguçar da consciência. Porque a consciência é justamente a sua maneira com que você tem os seus valores, a sua maneira individual de agir no mundo.
>
> E quando você aguça esse conhecimento, essa questão do aluno decidir por ele mesmo, a gente trabalha muito na filosofia a conceituação. Por exemplo, eu jogo as perguntas para os alunos. O que é felicidade para você? O que é alegria para você? O que são valores? Nós debatemos agora há pouco tempo. O que são os valores? Qual a importância dos valores? Quando a gente começa a debater, aí um fala que é isso, outro fala que é aquilo, a gente começa a tentar conceituar, o aluno começa a pôr em choque as crenças que ele tinha.
>
> E daí ele começa a perceber que alguns valores, porque os valores não são ensinados, eles são aprendidos. A gente pega, vamos dizer assim, do meio e eles começam a fazer essa análise. Quais os valores que eu peguei, que eu tenho, que são valores da minha família, valores que me foram passados, quais valores eu vou adquirir agora? Isso é um aguçar da consciência. É um exemplo de como a gente consegue aguçar a consciência (Professora Gisele) (Pereira, 2024, p. 91-92).

Nesse contexto, o professor não raro precisa aprender muito mais a perguntar do que a dar respostas. Trata-se de fazer questões que confrontem o estudante com o sentido de cada situação. Boas perguntas podem gerar respostas com mais sentido, como sublinhado neste relato:

> Eu gosto muito do questionamento socrático. O questionamento para mim é muito importante hoje. A Logoterapia traz isso também: não perguntar o porquê e sim o para quê. Então, hoje, até como profissional e na minha vida pessoal também. Eu costumo dizer que eu considero muito mais importantes as perguntas do que as respostas. Porque uma pergunta bem elaborada, bem feita, nos leva a boas respostas também. Então hoje eu me interesso mais pelas perguntas. A resposta pode não vir no momento que a gente espera, mas ela vai surgindo no decorrer da vida. Porém, eu gosto muito da questão do questionamento. Então eu trago isso para os meus alunos. O questionamento, o fazer eles pensarem, o para que eles realizam cada atividade, cada tarefa proposta. O que aquilo vai contribuir pra vida deles, como eles podem encontrar esse sentido. E o aguçar da consciência também [...] então são crianças pequenas, ainda estão em formação, até a parte neurológica. Então elas ainda estão compreendendo muitas coisas sobre a vida. Então esse aguçar da consciência eu trago muito para o questionamento, para que elas consigam pensar. E às vezes eu nem espero a resposta porque eu sei que talvez a resposta venha daqui a alguns anos, mas que esse questionamento fique para elas e ajude a pensar mesmo sobre as escolhas, sobre as experiências, sobre como elas estão encontrando sentido na área da Educação (Professora Bianca) (Pereira, 2024, p. 91).

A fala da professora revela dois pontos importantes. Primeiro, embora a busca de sentido comece se manifestar de uma forma mais consciente na adolescência, um trabalho pedagógico pautado no sentido na vida é possível desde os primeiros anos, respeitando as características de cada etapa da vida (Freitas, 2017; Malin, 2018). Segundo, como é típico do processo educacional, muitos frutos de uma Pedagogia do Sentido na Vida serão potencialmente colhidos em um futuro mais distante. Talvez aqui isso seja ainda mais enfático.

Finalmente, queremos destacar que, apesar dessa divisão didática entre os saberes docentes, eles são complementares entre si. Considerar a pessoa integralmente é o eixo central de onde o trabalho pedagógico começa e assim deve se manter, ainda que privilegie essa ou aquela dimensão humana, a depender das demandas momentâneas. O sentido na vida deve sempre fazer parte desse horizonte, não abrindo mão, portanto, de uma ação educativa conjugada, que busque o aguçar da consciência e o encorajamento da autotranscendência. A tarefa pedagógica de dialogar e contextuar com e a partir do conteúdo deve favorecer essa caminhada de conhecer e ser pessoa. É aprender um conteúdo significativo. E mais, aprender a viver uma vida significativa.

Conclusão

Neste capítulo, apresentamos uma introdução à Pedagogia do Sentido na Vida, que nasce como uma proposta para os desafios contemporâneos da vida e da educação. Ademais, exige uma visão que vá além do mero acúmulo de conhecimentos e habilidades, abrangendo o ser humano em sua totalidade, em sua busca profunda por sentido, que é um vetor central do seu desenvolvimento. Estruturada nos princípios de considerar a pessoa integralmente, difundir conhecimento e aguçar a consciência, essa Pedagogia busca uma educação humanizada, isto é, que desenvolva aquilo que é propriamente humano no indivíduo, formando-o para autotranscender as circunstâncias e encontrar sentido em suas motivações, escolhas e ações, engajando-se de modo responsável e autêntico com o mundo ao seu redor.

Fundados nesses princípios, apresentamos aqui cinco saberes fundamentais para guiar o fazer docente, além de exemplificar algumas práticas. No entanto, apesar de sua relevância, este trabalho está longe de esgotar o assunto e nos convida a realizar mais esforços para aprofundar continuamente a base teórico-empírica da Pedagogia do Sentido na Vida, especialmente em sua vertente didático-pedagógica.

Referências

ARAUJO, U. F. *et al.* Principles and methods to guide education for purpose: a Brazilian experience. *Journal of Education for Teaching*, [*s. l.*], v. 42, n. 5, p. 556-564, 2016.

BATTHYANY, A.; RUSSO-NETZER, P. Psychologies of meaning. *In*: BATTHYANY, A.; RUSSO-NETZER, P. (ed.). *Meaning in positive and existential psychology*. New York: Springer New York, 2014. p. 3-22.

BRASSAI, L.; PIKO, B. F.; STEGER, M. F. Meaning in life: is it a protective factor for adolescents' psychological health? *International Journal of Behavioral Medicine*, [*s. l.*], v. 18, n. 1, p. 44-51, 2011.

BRONK, K. C. *Purpose in life*: a critical component of optimal youth development. New York: Springer Science & Business Media, 2014. v. 4.

BRUZZONE, D. *Afinar la conciencia*: educación y búsqueda de sentido a partir de Viktor Frankl. Buenos Aires: San Pablo, 2011.

DAMON, W. *O que o jovem quer da vida? Como pais e professores podem orientar e motivar os adolescentes*. São Paulo: Summus, 2009.

DAMON, W. *A round of golf with my father*: the new psychology of exploring your past to make peace with your present. West Conshohocken: Templeton Press, 2021.

DAMON, W.; COLBY, A. Education for a purposeful life. *In*: SUAREZ-OROZCO, M.; SUAREZ-OROZCO, C. (ed.). *Education*: a global compact for a time of crisis. New York: Columbia University Press, 2022. p. 181-193.

DEL-RIO, G. *De la cultura del BIEN-ESTAR a la cultura del BIEN-SER*: repensar los espacios educativos. Buenos Aires: Bonum, 2019.

FISCHER, I. C. *et al.* The relationship between meaning in life and post-traumatic stress symptoms in US military personnel: a meta-analysis. *Journal of Affective Disorders*, [*s. l.*], v. 277, p. 658-670, July 2020.

FRANKL, V. E. *Psicoterapia para todos*: uma psicoterapia coletiva para contrapor-se à neurose coletiva. Petrópolis: Vozes, 1990.

FRANKL, V. E. *Psicoterapia e sentido da vida*. São Paulo: Quadrante, 2003.

FRANKL, V. E. *Um sentido para a vida*: psicoterapia e humanismo. Aparecida: Ideias & Letras, 2005.

FRANKL, V. E. *Em busca de sentido*: um psicólogo no campo de concentração. Petrópolis: Vozes, 2008.

FRANKL, V. E. *A vontade de sentido*: fundamentos e aplicações da logoterapia. São Paulo: Paulus, 2011.

FRANKL, V. E. *Logoterapia e análise existencial*: textos de seis décadas. Rio de Janeiro: Forense Universitária, 2012.

FREITAS, M. L. S. *Pedagogia do sentido*: contribuições de Viktor Frankl para a educação. Ribeirão Preto: IECVF, 2017.

LUKAS, E. *Mentalização e saúde*: a arte de viver e logoterapia. Petrópolis: Vozes, 1990.

MALIN, H. *Teaching for purpose*: preparing students for lives of meaning. Cambridge: Harvard Education Press, 2018.

MIGUEZ, E. M. *Educação em Viktor Frankl*: entre o vazio existencial e o sentido da vida. Curitiba: Brazil Publishing, 2019.

MOREIRA, J. S.; PEREIRA, A. R. A.; SANTOS, D. M. B. Saberes estruturantes da docência em uma pedagogia do sentido. *In*: SANTOS, D. M. B.; PAZ, C. da S. S. da; ZELOTI, F. S. (ed.). *Formação docente para uma pedagogia do sentido da vida*: casos de ensino do cotidiano educativo. Feira de Santana: UEFS Editora, 2023. v. 1, p. 31-44.

PEREIRA, A. R. A. *O ser professor na pedagogia do sentido*: identidade, saberes e práticas. 2024. Dissertação (Mestrado Acadêmico em Educação) — Departamento de Educação, Universidade Estadual de Feira de Santana, Feira de Santana, 2024.

REILLY, T. S.; MARIANO, J. M. Fostering mature purpose beyond the classroom: considering family and other institutions in agentic purpose commitment. *Estudos de Psicologia*, Campinas, v. 38, p. 1-13, 2021.

SANTOS, D. M. B.; PEREIRA, I. S. Pedagogia do sentido na vida: em direção a uma concepção pedagógica baseada no pensamento de Viktor Frankl. *Scielo Preprints*, 2023.

SANTOS, D. M. B.; PINHEIRO, V. P. G. Purpose and meaning in life: a comparative analysis of the concepts of Damon and Frankl. *Estudos em Psicologia*, Campinas, v. 42, 2025.

SANTOS, V. C. B.; SANTOS, D. M. B. Saberes docentes para uma pedagogia do sentido na vida. *Revista Brasileira de Estudos Pedagógicos*, [*s. l.*], v. 105, p. 1-19, 2024.

STEGER, M. F. Meaning in life and wellbeing. *In*: SLADE, M.; OADES, L.; JARDEN, A. (ed.). *Wellbeing, recovery and mental health*. New York: Cambridge University Press, 2017. p. 75-85.

STEGER, M. F. *et al.* Meaning in life and health: proactive health orientation links meaning in life to health variables among American undergraduates. *Journal of Happiness Studies*, [*s. l.*], v. 16, n. 3, p. 583-597, 2014.

TIRRI, K.; MORAN, S.; MARIANO, J. M. Education for purposeful teaching around the world. *Journal of Education for Teaching*, [*s. l.*], v. 42, n. 5, p. 526-531, 2016.

CAPÍTULO 6

Ser Professor e os sentidos de uma pedagogia criativa — que nem João-de-Barro

Osmar Hélio Alves Araújo
Ivan Fortunato
Emerson Augusto de Medeiros

O ponto de partida: da inspiração da metáfora do João-de-Barro

> *Temos vários professores exatamente iguais ao João-de-Barro. Eles constroem alguma coisa nas mentes e nos corações de seus alunos, observando o contexto deles como o pássaro observa e sente o vento, procura perceber a segurança, o interesse e está aberto aos perigos que rondam suas classes.*
>
> Hamilton Werneck (1995, p. 22)

Ainda no século passado, Hamilton Werneck havia percebido que existem Professores que nem João-de-Barro. Como lemos na epígrafe, esses Professores[1] desenvolvem uma Pedagogia muito diferente do

1. A língua portuguesa é ardilosa quando se trata da questão de gênero, pois nos obriga a usar o masculino para nos referirmos a todas as pessoas, independentemente do gênero. Por isso,

tradicional secular modelo bancário, denunciado pela leitura freiriana de mundo. Esses Professores descobriram uma Pedagogia que emerge da criatividade, da inventividade, contrastando com as expectativas austeras-contudo-apáticas da educação bancária, que somente almeja a transmissão inerte do conteúdo curricular aos estudantes.

É sobre esses vários Professores iguais ao João-de-Barro que escrevemos, almejando defender uma Pedagogia da criação, dialógica e da crítica dialética, no sentido de olhar a docência sob o ângulo da criatividade, da inventividade, enfatizando o valor da docência criadora para a construção de relações significativas com os estudantes.

O João-de-Barro, conhecido também como Forneiro, João-graveto ou simplesmente João, é uma ave fascinante e cativante por ser de uma espécie de pássaro construtor, habilidoso e engenhoso na construção de ninhos capazes de abrigar os filhotes, protegê-los do frio, da chuva e dos predadores. O ninho do João-de-Barro, feito de forma inteligente, é verdadeira obra de arte, feito com barro e palha, destaca-se pelo empenho do pássaro em transformar, em perfeição, seu ninho com toda simplicidade. O João-de-Barro é minucioso, dedicado, zeloso e comprometido com aquilo que faz.

Neste capítulo, utilizamos a metáfora "Ser Professor e os sentidos de uma Pedagogia Criativa que nem João-de-Barro" para discutir a Pedagogia de todas as pessoas que exercem, ou exercerão, a docência como um processo criativo, construtor e cativante, capaz de transcender caminhos já rotulados por definições teóricas. As letras "S" e "P" estão dispostas aí de forma maiúscula de modo proposital, pois visam representar aqueles que escolhem "Ser Professor — que nem João-de-Barro", cujos nomes possivelmente jamais figurarão na lista dos professores "mais influentes do mundo", mas, que, a cada dia, na inquietude de suas ações, pouco a pouco, insistem em humanizar, a si e ao outro.

---

esperamos que nossa escolha por manter a expressão "Ser Professor" não nos torne excludentes, pois ao escrever "Ser Professor", queremos nos referir a todas as pessoas que exercem o ofício docente transformador, sem qualquer distinção.

Esta é a chave: o único modo de exercer a docência inspirado no João-de-Barro é se tornar tão absolutamente livre que o próprio exercício seja um ato de rebeldia. Essa verdadeira liberdade não é uma mera condição garantida por normas, estatutos ou instituições, mas um estado de autonomia que cada um deve conquistar para si mesmo. É a capacidade de inventar, de aplicar seu conhecimento, imaginação, e a coragem de ser capaz de escolher e decidir. Esse exercício começa quando você ousa pensar por si, ousa ser livre, independentemente das pressões de instituições, normas ou estatutos, por exemplo. Deixar de ser livre é se afastar de si mesmo.

O que torna um Professor que nem João-de-Barro é a audácia de ser singular, algo que um professor, como mero funcionário do capital, muitas vezes não consegue alcançar. Esse professor, como mero funcionário do capital, muitas vezes, lida não só com a falta de condições adequadas para o estudo e o trabalho docente, mas também com a ausência de liberdade e com a impossibilidade de exercer a docência como uma realização plena do ser humano. Isso é especialmente evidente no sistema capitalista, marcado pela competição e pelos interesses do mercado

Liberdade e docência são termos inseparáveis. Assim, a liberdade do professor, na qualidade de ser humano digno, expressa-se a princípio em sua relação com os outros, igualmente livres e, por consequência, no exercício pleno da cidadania em qualquer profissão. Grande verdade: sem liberdade, a docência que nem João-de-Barro não existe. É nessa conjunção que situamos o Ser Professor que nem João-de-Barro.

Neste escrito, não apresentamos argumentos cerrados, mas, de modo bem mais modesto, propomos tal analogia, na medida em que o pássaro João-de-Barro é uma inspiração para exercermos uma docência lastreada por uma Pedagogia criativa, inventiva e reflexiva, para as quais convergem milhões de ações interligadas no contexto das relações docentes-discentes-mundo. Sendo assim, questões saltam em importância na vida do pássaro, a fim de se refletir sobre o ofício docente: trabalho árduo, adaptação e sabedoria empírica.

Claro que não podemos esquecer que a docência é uma atividade intelectual por excelência. Mas é, sobretudo, um ofício criador, que envolve não apenas aspectos cognitivos, mas também afetivos, amorosos e intuitivos. Nesse sentido, Ser Professor que nem João-de-Barro é uma Pedagogia-arte, capaz de despertar sentidos e habilidades — de ver, sentir e ouvir —, trazendo à tona o que está dentro de cada pessoa. Não como quem ajuda uma borboleta a sair do casulo, tirando-lhe o voo, mas respeitando o próprio tempo e a liberdade de cada um, despertando a consciência para criar formas sensíveis de se relacionar com o mundo, seja como sujeito singular, seja coletivo, na esfera particular ou profissional.

Este é o instinto e o espírito próprio do João-de-Barro: encontrar alternativas criativas para sobreviver e se proteger contra as ameaças externas. Diante das intempéries, o João-de-Barro não é pacífico, incompetente e covarde. Por isso, este escrito também pode ser lido como um apelo em favor de uma Pedagogia da criatividade, da liberdade e da autonomia. Essa Pedagogia possibilita aos docentes que tracem caminhos próprios, rompendo com o *status quo* e, por meio do imaginário e da liberdade, inaugurem novos tempos.

O que desejamos, afinal, com esta escrita? Desenvolver em nós e nos nossos estudantes o instinto e o espírito do João-de-Barro, que quer dizer: o que nos interessa não é tanto refletir sobre o que o pássaro João-de-Barro nos ensina pela exemplaridade, mas o que ele nos provoca a dizer, a transgredir, e nos inspira a assumir modos criativos de nos relacionar com o mundo. Não são lições sistemáticas de como exercer a docência, mas devem representar estímulos para articulações possíveis entre as reflexões enunciadas e a prática docente, presente ou futura, à luz da transformação.

No contexto desta discussão, metaforicamente, a docência é como uma casa que carrega sempre as marcas do esforço de professores e estudantes em construir algo juntos. É feita de pedaços, costurando histórias e construindo memórias. Há marcas dos estudantes que por ela passam, marcando cada chegada e cada partida. Existem sempre aqueles que, mesmo partindo, nunca vão embora, ainda permanecem nela pelas marcas insubstituíveis deixadas na memória.

Assim, graveto a graveto, palha a palha, as seções receberam nomes que fazem analogia à construção. *Primeira parte: construindo exemplaridade* — nela discutimos as condições fundamentais para uma docência que nem João-de-Barro. *Segunda parte: construindo com espírito de liberdade e criatividade* — aquí abordamos a visão crítica, sensível, criativa, observadora e autônoma, necessária para enfrentar os desafios e construir uma prática pedagógica que vá além dos limites impostos pelo sistema educacional. *Terceira parte: construindo legado* — aí abordamos o ensino transformador do Professor que nem João-de-Barro. Por fim, para (não) concluir a "casa", falamos sobre a autotranscedência e o sentido de Ser Professor, reconhecendo a efemeridade do trabalho docente, mas acreditando no impacto transformador das ações no presente para o futuro.

Ao final, que tenhamos uma construção sólida, sábia e que nos proteja das adversidades que nos impedem de sermos professores que almejam construir algo nas mentes, mas, principalmente, nos corações de nossos alunos.

Primeira parte: construindo exemplaridade

Eu sou que nem João-de-Barro,
passarinho construtor,
que canta em pleno labor,
enquanto faz seu ranchinho,
pra dentro tecer um ninho
E se aninhar com seu amor.
Eu sou que nem João-de-Barro

Odilon Ramos (2020)[2]

O trecho do poema "Que nem João-de-Barro", que abre esta seção, nos veio à mente quando começamos a refletir sobre o que o pássaro

2. Poesia publicada em uma rede social, em novembro de 2020. Disponível em: https://shre.ink/bRyb. Acesso em: 10 jun. 2025.

João-de-Barro nos provoca a *dizer e fazer*, no contexto da docência. E pareceu-nos que a ave tem muito a ensinar a todos aqueles que exercem ou exercerão o magistério como ofício.

Aqui, cabem as críticas de Japiassu quando aponta para "[...] o fato de estarmos reduzindo a educação a um mero ensinar o já sabido, a um simples transmitir o já estabelecido ou um puro veicular de informações que não formam e a reproduzir o já produzido" (Japiassu, 1983, p. 17). Embora o autor tenha registrado essa reflexão há mais de quatro décadas, ela permanece atual. É necessário romper com a lógica da mera transmissão e reprodução de conhecimentos, pois, como nos lembra o mesmo autor, "o conhecimento nasce da dúvida e se alimenta de incertezas" (Japiassu, 1983, p. 14).

Este é um ponto essencial: a educação é, muitas vezes, um processo doloroso, exigindo que assumamos nossas dúvidas, incertezas, medos e anseios. Sendo assim, as críticas do autor nos convidam a questionar e desafiar a ideia de uma educação que se limita à transmissão e à reprodução do conhecimento. Ser Professor que nem João-de-Barro implica desafiar esses limites e acreditar que é possível vencer as intempéries.

O poema de Odilon Ramos, portanto, nos abre uma perspectiva extremamente importante, pois contém três condições fundamentais que devem ser preenchidas para se exercer a docência "que nem João-de-Barro". A primeira *ser construtor*, como um dos traços fascinantes desse pássaro. A segunda, *que canta em pleno labor*, o que pode ser traduzido como a "sala de aula como aconchego",[3] ou, nas palavras de Paulo Freire, Rubem Alves, bell hooks e tantos outros educadores e tantas outras educadoras, vivenciar a docência com senso de humor, alegria e entusiasmo. E a terceira, *enquanto faz seu ranchinho, pra dentro tecer um ninho e se aninhar com seu amor* sugere que o termo *juntos* possa simbolizar a colaboração, o afeto e a parceria necessários para construir algo significativo, no contexto da docência.

---

3. Já escrevemos sobre a aula como aconchego e a necessária coragem docente para promover tal aconchego, almejando criar um lugar pedagógico de libertação e convívio das singularidades (Araújo; Fortunato; Medeiros, 2023).

Ser construtor é a primeira condição. Pois bem, o João-de-Barro é, talvez, um dos mais impressionantes e enigmáticos pássaros, com uma capacidade fascinante de trabalhar, de exercitar seu instinto. Com habilidade, administra bem seu tempo e faz seu ninho num nexo singular criativo e conectado ao mundo que habita; procurando evitar transtornos futuros, o constrói na direção contrária à da chuva. Além disso, conta a história que tem bom campo de relacionamento com outros pássaros, facilitando sua luta pela sobrevivência. Em síntese, é no seio do movimento de *construção* e conexão que a vida do João-de-Barro se faz e se renova continuamente.

Da exemplaridade de João-de-Barro, pretendemos, aqui, desentranhar esse ponto fundamental de interligação com a Pedagogia Criativa: tal qual o pássaro João-de-Barro, nós, docentes, precisamos cultivar o desejo de construção e a impaciência diante do *status quo*. Um dos melhores caminhos para isso é o peso da dúvida, bem como o sabor da perplexidade e o eco dos sonhos que impulsionam a busca, o desvelamento do que está submerso na vida cotidiana. Pelo sonho é que avançamos no movimento de construção. Chegamos, partimos, vamos, somos — construção.

Ser construtor é um ato de existência e resistência. É um movimento contra as limitações da própria vida, um escudo contra qualquer processo que se assente noutras bases que não a liberdade e a autonomia docente. De um modo ou de outro, a exemplaridade de João-de-Barro incita a possibilidade de uma Pedagogia outra, abrindo caminhos para uma docência diversa da que temos hoje e há muito tempo.

Uma docência que sem liberdade e autonomia é mera execução de tarefas de forma mecânica. Enquanto muitas normas, estatutos ou instituições distraem os professores, transformando-os em meros executores passivos, a exemplaridade de João-de-Barro desafia, desperta para a liberdade e a autonomia. Por isso, uma educação sem Professores que nem João-de-Barro se manifesta por meio de uma pedagogia (em letra minúscula) sem questionamentos, sem inventividade e ousadia. Seria, assim, uma educação com professores como meros funcionários do Estado, autômatos e conformados.

Passamos, agora, para a segunda condição fundamental que deve ser preenchida para se exercer a docência que nem João-de-Barro: *que canta em pleno labor.*

Esse sentido de cantar em pleno labor não é uma representação qualquer da vida do João-de-Barro. Reconhecemos como uma atitude rara, e é justo que assim seja. A representação que aqui é feita serve justamente para denominar de Professor que nem João-de-Barro aquela pessoa com energia positiva, envolvente e desencadeante, que desafia suas próprias convicções. Não há dúvidas de que um Professor que nem João-de-Barro puxa pelo emocional, pelo sensorial, pelo inventivo, e compreende plenamente o relacionamento afetivo como parte integrante dos processos de ensino e aprendizagem. Pode-se dizer, com Fanny Abramovich, que uma pessoa que canta em pleno labor é:

> [...] uma pessoa com energia, aquela que é pulsante, viva, que transmite uma onda de calor, que modifica o humor das pessoas, que é afeto, que cria uma atmosfera propícia para o trabalho, para a reflexão, para a criação daqueles que estão próximos dela [...]. Quanta mudança de compreensão de mundo, de relacionamento entre as pessoas, no uso de um mesmo vocábulo [...]. (Abramovich, 1985, p. 21).

É fundamental que tenhamos clareza de que não se pode ensinar nada verdadeiramente humano aos estudantes se isso não despertar alegria em seus corações. Afinal, o que poderia ser mais distante da verdadeira educação do que um ensino que não desperte alegria nos estudantes, não alimente suas dúvidas e, ao mesmo tempo, não fortaleça sua humanidade como seres inconclusos? Portanto, um processo educativo que carece de alegria corre o risco de se afastar de sua essência formativa e, até mesmo, tornar-se antieducativo. Por isso, como registrado no poema "Urgentemente",[4] de Eugénio de Andrade: "é urgente inventar alegria".

---

4. Disponível em: https://www.escritas.org/pt/t/2041/urgentemente. Acesso em: dez. 2024.

Contudo, amiúde, temos visto a presença de uma desesperança, de um certo desânimo entre muitos professores em relação à docência. Isso também se reflete, muitas vezes, no contexto das licenciaturas e de programas de pós-graduação. Vários estudantes encaram a docência com ceticismo e desconfiança, duvidando de sua capacidade de trazer alegria e satisfação. Assim, observa-se que, para diversos professores e estudantes, a docência não é um motivo de alegria, mas de inquietação.

Queremos que o estudante aprenda com alegria? Ótimo, então sejamos coerentes e ensinemos com alegria. Afinal, com que direito criticamos o desinteresse dos estudantes pelos processos de ensino e aprendizagem pelos quais nós mesmos não manifestamos alegria? Alegria é, assim, um dos sinais de que o instinto e o espírito do João-de-Barro estão, de alguma forma, a nos inspirar em uma Pedagogia Criativa, guiando-nos para uma docência dedicada a construir espaços de aprendizado que sejam, ao mesmo tempo, acolhedores e transformadores.

Logo, tendo delineado as condições de ser construtor e de cantar em pleno labor, passamos, agora, para a terceira condição fundamental: *enquanto faz seu ranchinho, pra dentro tecer um ninho e se aninhar com seu amor.*

Analogamente, a atitude de João-de-Barro situa o ser humano em um processo individual que, ao mesmo tempo, o coloca em uma teia vital de relacionamentos coletivos. Isso nos inspira ao companheirismo e à amizade.

Este é um ponto central desta discussão sobre Ser Professor e os sentidos de uma Pedagogia Criativa: fazer uma diferenciação entre professor (como mero repetidor de informações, abstrações) e Ser Professor que nem João-de-Barro (pela aproximação humana que, com alegria, suscita, mobiliza, instiga, questiona, faz com que o estudante tenha atitude, lucidez, entusiasmo e criação). Uma certeza acaba-se tendo: para o Professor que nem João-de-Barro, os processos de ensino-aprendizagem são prazerosos, pulsantes, dinâmicos, conscientes, inventivos e completamente diferentes da mera repetição de informações.

Da terceira condição fundamental do pássaro João-de-Barro fica o exemplo de como Ser Professor. É essencial manter uma postura humana de amorosidade, paciência e afetividade. Além disso, o Professor deve estar acessível, presente e atento, tanto emocional quanto intelectualmente, ao que acontece no ambiente educativo. Também é importante estar disposto a adaptar e inovar conforme as necessidades do momento educativo e das pessoas envolvidas no processo.

Segunda parte: construindo com espírito de liberdade e criatividade

> *O que faz este pássaro? Constrói sua casa, geralmente em parceria com a sua companheira de ninho. A época da cria se aproxima e ele precisa de algum lugar seguro. Como o João-de-Barro constrói? O que ele faz em primeiro lugar? Ele sente o vento para posicionar corretamente a porta de entrada. Então ele entra em sintonia com o meio ambiente onde estará sua casa, percebe a resistência dos galhos da árvore, observa a proximidade de abelhas ou outros insetos perniciosos à sua sobrevivência.*
>
> Hamilton Werneck (1995, p. 22)

Apoiamo-nos novamente no belíssimo texto de Hamilton Werneck pela fluidez de sua escrita e por deixar clara a exemplaridade do João-de-Barro como um grande ensinante nas coisas que faz, inventa e ousa, mantendo sempre o equilíbrio entre seu viver e o meio ambiente. Não se trata de uma mera atitude de adaptação, mas de um exemplo vivo, belo e inquietante de um ser que inventa o seu próprio caminho para a sobrevivência, de modo livre, solto, pessoal, mas também pensando no coletivo. Ele exerce uma Pedagogia Criativa!

No contexto da exemplaridade do João-de-Barro podemos, porém, fazer algumas perguntas: será que temos inventado e reinventado a nossa própria trajetória (pessoal, profissional, político-cidadão) como professores? Será que temos buscado de fato nos alimentar culturalmente com produtos de outras fontes, que não as acadêmicas, como nas artes, nas conversas livres, ou mesmo políticas, filosóficas, religiosas, existenciais, por exemplo, para exercer o ofício docente? Será que tantos professores demonstram criatividade em suas trajetórias justamente porque se nutrem de outros mananciais, como atividades artísticas, por exemplo? Ou será que vão além da mera adaptação da formação acadêmica ao contexto escolar, procurando outras fontes que instigam outros saberes e fazeres?

Seja como for, as maneiras podem ser muitas para exercer o magistério e pensar a Pedagogia Criativa que nem João-de-Barro. Mas uma coisa é certa: nas instituições de educação formal, incrustadas pela Pedagogia Bancária, vivemos o terrível ciclo de adaptar os processos de ensino-aprendizagem à formação acadêmica dos professores. Ou seja, é a formação docente técnica, burocrática, neoliberal, frequentemente carente de novas abordagens e ressignificações técnico-pedagógicas, que sustenta o fazer docente. A questão não é a mera adaptação dos processos de ensino-aprendizagem à formação acadêmica dos professores, mas, sim, ao grande *circo* da educação formal institucionalizada. Nesse cenário, muitos professores enfrentam um contexto de burocratização do exercício docente que compromete o desenvolvimento de uma Pedagogia verdadeiramente social e transformadora.

É óbvio que nenhuma profissão pode ser exercida sem o conhecimento técnico específico. Isso vale também para a docência, que requer, além das competências técnicas, o conhecimento pedagógico. No entanto, a questão reside exatamente nos caminhos que cada profissional-professor pode inventar para construir os processos de ensino-aprendizagem de maneira mais lúcida, lúdica, afetiva e com um envolvimento mais profundo com aquilo que realmente importa às pessoas envolvidas no processo.

Isso significa o fim de uma Pedagogia cujos processos de ensino-aprendizagem apresentam um percurso em que estudantes

— e também professores — frequentemente são obrigados a seguir padrões rígidos, ignorando seus interesses, necessidades e as particularidades circunstanciais de suas vidas. Em geral, a secular organização da educação formal burocratizada supõe que os processos de ensino-aprendizagem só ocorrem em passos sucessivos e ordenados. E, como sociedade, acabamos acreditando nisso.

Por isso, a autenticidade de Ser Professor e de uma Pedagogia Criativa que nem João-de-Barro está, de fato, ligada à maneira pela qual esse ofício pode ser exercido com espírito de liberdade, responsabilidade e autonomia. Aprendida essa lição, isso também prepara os estudantes para crescerem com independência como cidadãos conscientes e atuantes politicamente. É nesse sentido que a docência e a Pedagogia Criativa que nem João-de-Barro são válidas.

Assim como o João-de-Barro, que aprendeu a construir sua casa imerso na luta por sua sobrevivência diante das intempéries, Ser Professor que nem João-de-Barro é algo que se aprende também na formação acadêmica, mas, sobretudo, se aprende com a/na vida, nas próprias experiências e pelo *saber* revisitá-las criticamente. Em síntese, Ser Professor que nem João-de-Barro exige autodisciplina e capacidade inventiva de organizar os processos de ensino-aprendizagem de forma criativa e adaptativa. É um jeito livre, responsável e autônomo de encarar a profissão. Trata-se, assim, de um exercício profissional que não se deixa sufocar por processos burocráticos restritivos e por uma Pedagogia Bancária, que já definem como se deve exercer o magistério.

Além do mais, em vários aspectos, há que se reconhecer que João-de-Barro é um pássaro com sentidos aguçados, sempre atento para captar as especificidades do cotidiano, em seus aspectos simples e naturais. Com os seus sentidos afiados, João-de-Barro reitera sua atitude de *ler* os espetáculos da natureza, de se munir de tudo o que essa mesma natureza lhe oferece para *saber* sobreviver, porque é ela, e apenas ela, que o ensina a ser *sábio*.

Nem todos se identificam com a ideia de Ser Professor que nem João-de-Barro, seja pela formação tradicional, seja pela ausência dela. Mas, é claro, há muitas vantagens em Ser Professor que nem João-de-Barro: a liberdade e o caminhar mais pessoal, marcado pela vontade, pelo entusiasmo, pela necessidade de responder a circunstâncias específicas da vida e não àquilo que interessa tão somente, muitas vezes, aos currículos obrigatórios, ou a qualquer autoridade de plantão.

Em contrapartida, Ser Professor que nem João-de-Barro tem também muitas desvantagens. Existe o risco de encarar dificuldades de natureza diversa, como a experiência solitária, ou de ser rotulado como sujeito inculto, por exemplo. Além disso, as experiências de Ser Professor que nem João-de-Barro não são harmoniosas com as lógicas do mercado, por isso, muitas vezes, têm um sabor "amargo" da experiência solitária.

Há, portanto, ganhos e perdas na escolha pela condição de Ser Professor que nem João-de-Barro. Uma coisa é certa: Ser Professor que nem João-de-Barro exige arriscar-se pisar fora da linha do sistema neoliberal globalizado, agindo na margem do modelo hegemônico. Talvez, por isso, ser um professor como funcionário do capital pode ser mais seguro, pois nos deixa menos expostos aos perigos de encarar dificuldades de natureza diversa. Nos dias de hoje, frequentemente guiados pelos interesses do mercado de trabalho, vivemos uma Pedagogia marcada por professores que atuam mais como funcionários do que como educadores, ajustando-se à lógica imediatista dos objetivos do sistema. Como operários do sistema, esquecem(os) de cuidar da humanidade. Eis, então, uma oportunidade para registrar nossa profunda admiração por aqueles professores que tornam mais evidente o ato de cuidar da humanidade, de si mesmos e dos outros.

Aos poucos, torna-se claro que, para os Professores que nem João-de-Barro, o que realmente importa é a vida das pessoas e a valorização da humanidade. Não desenvolvem sua Pedagogia subordinada à lógica da empregabilidade, da empresarialização e do empreendedorismo. É nos gestos inesperados e silenciosos — de cuidado consigo, com o outro e com a humanidade, que aquecem o coração — que encontramos o verdadeiro sentido de Ser Professor e da Pedagogia Criativa que nem João-de-Barro. Afinal, a docência, como uma experiência de profunda conexão humana, repleta de ações e criações desafiadoras, é capaz de proporcionar a genuína sensação de dever cumprido.

Quem deseja Ser Professor que nem João-de-Barro convém desprender-se de um mundo academificado e desligar-se do *status quo*. Não se ganham muitas vezes prêmios nem sequer reconhecimento institucional ou dos pares, mas se desenvolvem a curiosidade, a inquietude, as buscas e a capacidade de aprender, aqui e ali, com as pessoas tão diversas que encontramos e com quem interagimos. Mergulhamos no cotidiano e abraçamos a experiência de estar vivo.

Acreditamos em uma Pedagogia na qual os processos educativos devem ser construídos de forma a integrar o conhecimento com a vida cotidiana dos estudantes. Isso implica um ensino mais humano, criativo e que não se limita apenas ao conteúdo curricular, pois também envolve a compreensão, a empatia e a vivência coletiva. Assim, emerge uma última ideia importante da atitude do João-de-Barro para a docência: por mais que acreditemos no nosso trabalho como professores e na importância basilar dos afetos, da liberdade e da criatividade, precisamos admitir que qualquer processo educativo escolhido é sempre incompleto. Isso está relacionado com a incompletude do ser humano, mas, também, com a obviedade do fato de que cada estudante levará para sua vida somente aquilo que escolher para si mesmo.

Não obstante, para Ser Professor que nem João-de-Barro, o que realmente importa é a escolha de exercer a docência com coração, encarando-a como um ofício desafiador, prazeroso, consciente e inventivo. Eis a escolha: seguir a correnteza do *status quo* ou Ser Professor que nem João-de-Barro, com alegria, garra, vitalidade e até com a coragem de romper barreiras, em nome de uma educação de corpo, alma e mente?

Terceira parte: construindo legado

> *Este professor [exatamente igual ao João-de-Barro] quer deixar algum legado para seus alunos e, neste sentido, trabalha. Os meses vão passando e ele vai construindo a casa do saber, com a porta aberta ao ar e protegida, ao mesmo tempo, contra a tempestade. Ele não é o único a construir, sabe da necessidade da complementaridade de alguns colegas seus, mas, em última análise, ele quer desenvolver a futura vida que nascerá dentro de sua classe. E este nascimento será, sem dúvida, o ponto de partida para estabelecer os alicerces da cidadania.*
>
> Hamilton Werneck (1995, p. 23)

Para se pensar em uma Pedagogia Criativa que constrói legados, não podemos ignorar um elemento praticamente invisível da docência, no que diz respeito ao relacionamento com os estudantes: a efemeridade. Embora nosso trabalho seja educar — agir diretamente no desenvolvimento pleno de educandos e de educandas, incluindo seu preparo para a cidadania e sua qualificação para o trabalho —, cada professor assume apenas ínfima parcela nesse processo individual e perene.

Se, nos primeiros anos de escolarização, nos dão um ano letivo de trabalho cotidiano com as crianças, já a partir da segunda etapa do ensino fundamental, nossa presença vai se tornando cada vez mais rarefeita. Às vezes, há um único encontro semanal de uma ou duas centenas de minutos, durante meio ano letivo com cada turma, com cada estudante.

Sendo assim, nosso trabalho é realmente análogo à construção de um ninho de João-de-Barro: tem a ver com efemeridade e com perenidade. Isso quer dizer que o trabalho docente, assim como o ninho do João-de-Barro, combina aspectos transitórios (a efemeridade) e duradouros (a perenidade). A efemeridade refere-se às ações e aos processos pedagógicos que acontecem no presente e se transformam rapidamente. A perenidade, por sua vez, representa as marcas duradouras da educação, que permanecem na vida dos estudantes, na sociedade e, mormente, no próprio docente.

Quando pensamos na dualidade transitório-duradoura, estamos abordando a natureza dinâmica, e orgânica, do trabalho de Ser Professor que nem João-de-Barro. Sabemos que nosso tempo com cada turma de estudantes, nas nossas disciplinas, é muito curto; um semestre ou, quem sabe, um ano letivo. Assim como é curto o tempo das orientações individuais de graduação e/ou pós-graduação. Mesmo assim, trabalhamos árdua, criativa e afetivamente para que essas relações passageiras se prolonguem na nossa existência, perdurando quando já não tivermos mais aulas e/ou orientações juntos.

Em certa letra de uma de suas últimas canções, o cantor e compositor soteropolitano Raul Seixas deixou expresso que "os homens passam, as músicas ficam". Essa passagem da canção "Senhora Dona Persona", de 1988, alinha-se diretamente com a dualidade efêmero-perene que se instala na reflexão trazida pelo João-de-Barro. O ninho construído pelo pássaro, no qual os filhotes o habitam por poucas semanas, é como os homens (referindo-se aos seres humanos) que *passam*, ou seja, é transitório; efêmero. A nutrição, o conforto térmico e o afeto que os já independentes Joões-de-Barro receberam quando filhotes no ninho são como as músicas, que podem ser ouvidas ou cantadas reiteradamente, mesmo sem a presença do ninho, ou seja, são duradouras, perenes.

De maneira análoga, Ser Professor que nem João-de-Barro é trabalhar, constantemente, com transitoriedades. Para deixarmos um possível legado em nossos estudantes, tudo o que temos é uma pequena parcela do tempo de cada pessoa. O que fazemos e como fazemos podem permanecer como uma música que se quer ouvir habitualmente, seja para com ela se emocionar ou se inspirar, seja meramente como recordação ou nostalgia. Uma vez que esse tempo tenha passado, não há como se ter qualquer controle sobre o que permanece. Os estudantes, independentes, já voaram.

Eis, de toda essa elucubração, uma lição fundamental tomada da vida do João-de-Barro para a Pedagogia Criativa: o futuro de cada estudante não nos cabe, assim como não nos cabe o futuro da educação nem o da humanidade. Tudo isso está a reboque das escolhas feitas individual, coletiva e planetariamente. Nós, Professores, não podemos mudar o mundo por completo. Contudo, ao reconhecermos esse limite, temos a clareza de que podemos, sim, influenciar nosso universo cotidiano e as pessoas que dele fazem parte, ainda que de forma transitória. A compreensão dessa responsabilidade nos permite agir de maneira mais consciente e eficaz, contribuindo para pequenas, mas significativas transformações no ambiente em que vivemos.

Essas afirmações, embora tecidas a partir da nossa visão de mundo em cotejamento com nossas experiências vistas e vividas como professores, encontram respaldo nestas palavras de Paulo Freire (2000, p. 27): "o futuro não nos faz. Nós é que nos refazemos na luta para fazê-lo". É justamente esta a ideia de um legado que queremos deixar ao buscar Ser Professor que nem João-de-Barro: nossas ações pedagógicas não se orientam por uma convicção irrestrita de que o futuro de nossos estudantes é algo que podemos controlar. Pelo contrário, agimos no presente, voltados para o presente, enquanto cultivamos e nutrimos afetos, saberes e comportamentos.

Com Paulo Freire, acreditamos que o futuro é um eterno devir, sempre sendo possível refazê-lo, intervindo no mundo e (re)transformando nossas próprias realidades concretas. Por isso, concordamos com Freire ao afirmar que a desproblematização do futuro equivale à negação do sonho e da esperança, como ele explica:

> A desproblematização do futuro, numa compreensão mecanicista da história, de direita ou de esquerda, leva necessariamente à morte ou à negação autoritária do sonho, da utopia, da esperança. É que, na inteligência mecanicista, portanto determinista da história, o futuro é já sabido. A luta por um futuro já conhecido *a priori* prescinde de esperança. A desproblematização do futuro, não importa em nome de que, é uma ruptura com a natureza humana, social e historicamente constituindo-se (Freire, 2000, p. 27).

O futuro não é determinado. Nem o nosso como docentes, nem o de nossos estudantes das disciplinas que lecionamos ou daqueles estudantes que tutelamos durante o desenvolvimento de seus trabalhos de graduação ou pós-graduação. Como vimos na citação, o futuro só pode ser tomado como algo conhecido quando se rejeita a própria natureza humana, minando utopias, matando sonhos. Não é esse o trabalho de um Professor que nem João-de-Barro.

O trabalho de um Professor que nem João-de-Barro não é predeterminar caminhos, mas cultivar asas para que seus estudantes construam o futuro com autonomia, sonho e esperança. O que podemos (e devemos) fazer é metaforicamente construir, com sabedoria e esmero, um ninho e, nele, oferecer aconchego, seja nas salas de aula, seja nas orientações, seja nos inúmeros momentos de conversa. Um ninho-lugar efêmero, no qual o Professor permanecerá durante algum tempo, por algumas "ninhadas". Mas um lugar ainda mais volátil para os estudantes, que de lá levarão para suas vidas somente aquilo que desejarem. No metafórico ninho-lugar, não cabe nenhuma determinação para o futuro, pois este pertence a cada um: Professor e Estudantes.

Para (não) concluir a "construção": a autotranscedência e o sentido de Ser Professor que nem João-de-Barro

Para recuperar o sentido de Ser Professor que nem João-de-Barro, bem como da Pedagogia Criativa, é preciso compreender a autotranscendência como a essência do existir humano, talvez, por isso, conclui-se esta discussão, mas a "casa" permanece sempre em (re)construção. Lukas (2012) explica que a autotranscendência é a capacidade humana de estender seu próprio horizonte para além de si mesmo. Nesse sentido, João-de-Barro sabe realizar, com maestria, a experiência da autotranscendência dirigindo, sua vida para um ideal individual, mas, sobretudo, coletivo. É um ser sensível às condições naturais do meio ambiente e a suas variações, sem jamais perder o olhar em direção ao outro. É um pássaro com desprendimento. Tais realidades fazem dele um visionário e um construtor criativo incansável.

Quando o que se busca é também ser feliz na profissão escolhida, no sentido pleno da palavra felicidade, a autotranscendência importa muito. Assim, Ser Professor que nem o João-de-Barro só pode ser compreendido dentro de uma rede de relações que conferem um sentido transcendente à vida. Nesse contexto, qual é a lógica de exercer a docência no presente sem o elemento essencial: dar significado à vida? O que está em jogo é a educação como lugar de sentido, tanto para a vida quanto com a vida. Nunca somos tão Professores que nem o João-de-Barro até que o próprio ato de ensinar e de aprender dê sentido às nossas vidas.

No contexto atual, praticamente todos os que exercem o magistério possuem a formação acadêmica exigida. No entanto, muitos, embora qualificados, carecem de uma compreensão mais profunda sobre o significado de Ser Professor — especialmente que nem João-de-Barro. Esses profissionais possuem os meios, mas carecem do sentido de Ser Professor. Ao olharmos para a história do João-de-Barro, percebemos o profundo significado que ele atribui à experiência vivida de construir seu ninho.

Na sociedade contemporânea, a tirania da burocratização, as exigências desenfreadas do mercado de formação podem levar um professor a distanciar-se do encontro com o sentido de Ser Professor. Na perspectiva da exemplaridade do João-de-Barro, podemos dizer que a autotranscendência é a fonte mais plena para a resposta à pergunta sobre o sentido de Ser Professor.

Com o João-de-Barro, aprendemos a enfrentar as intempéries circunstanciais do tempo presente. É um exercício diário para o João-de-Barro. Essa atitude é uma verdadeira arte, aliás, a arte mais importante da vida. No entanto, é preciso aprendê-la e praticá-la para aperfeiçoá-la, como todas as outras artes. Nisto consiste o exercício do

João-de-Barro: entrar em sintonia com o ambiente, perceber o melhor lugar para a construção da sua casa e sua sobrevivência. Diante das circunstâncias existentes, é isto que ele faz: passa entre um perigo e outro sem deixar de exercitar sua arte.

Conta a história que o João-de-Barro tem um canto cativante e envolvente, reflexo de seu contentamento interior. Esse estado de bem-estar e alegria é essencial e não pode ser ignorado. É um dos segredos que traz plenitude pessoal ao exercício da docência e fortalece a capacidade de construir relacionamentos colaborativos com os outros.

Fica o esperançar: se queremos que a docência tenha realmente sentido e plenitude em nossas vidas, precisamos *construí-la.* Construir a docência como um exercício fascinante: ora incrível e desafiador, ora pode haver monotonia do comum, mas depois, novamente, incrível. Construir a docência com visão crítica, sensível, criativa, observadora e autônoma, o que dá um sabor novo na vida dos sujeitos envolvidos. Construir a docência como quem cria legado e isso será como uma bússola a indicar a direção. Parafraseando o poema "Telha de vidro", de Rachel de Queiroz,[5] é preciso construir a docência com autotranscendência, e cada ação educativa será iluminada e o horizonte já não será escuro; e o caminho será alegre, porque encontrará sentido em cada ação educativa que realizar. Que não nos faltem Professores Joões-de--Barro que, como artesãos da docência, tocam a vida feito um poema.

Uma das lições mais dolorosas que o João-de-Barro no ensina é a necessidade implacável de cada um ser o que é para inspirar o outro. O mais difícil é aceitar que, muitas vezes, a Pedagogia da Educação Bancária não nos prepara para mergulharmos na nossa verdadeira essência. Frequentemente, nos vemos imersos no hábito de imitar os outros, priorizando o culto das aparências em vez das essências. Talvez esta seja a parte mais difícil na Pedagogia tal qual João-de-Barro: ser aquilo que se é e, assim, Viver, e não apenas sobreviver.

---

5. Encontramos o poema neste *blog*, que a publicou em 2016: https://miriammorganuns.blogspot.com/2016/04/poesia-telha-de-vidro-rachelde-queiroz.html. Acesso em: 10 jun. 2025.

É nessa consciência que a docência que nem João-de-Barro flui, implacável e bela, mesmo em meio às tempestades. Por isso, leitor, faça-nos o favor de Ser Professor que nem João-de-Barro, inspirando-se em uma Pedagogia Criativa, e que isso se torne contagioso. Bora lá!

Referências

ABRAMOVICH, F. *Quem educa quem?* 7. ed. São Paulo: Summus, 1985.

ARAÚJO, O. H. A.; FORTUNATO, I.; MEDEIROS, E. A. de. Docência universitária: a aula como aconchego. *Revista Diálogo Educacional*, Curitiba, v. 23, n. 79, p. 1467-1478, 2023. Disponível em: https://doi.org/10.7213/1981-416X.23.079.AO06. Acesso em: 10 jun. 2025.

FREIRE, P. *Pedagogia da indignação*: cartas pedagógicas e outros escritos. São Paulo: Fundação Editora Unesp, 2000.

JAPIASSU, H. F. *A pedagogia da incerteza*. Rio de Janeiro: Imago, 1983.

LUKAS, E. *Psicoterapia em dignidade*: orientação de vida baseada na busca de sentido de acordo com Viktor E. Frankl. Ribeirão Preto: Instituto de Educação Cultura e Viktor Frankl, 2012.

WERNECK, H. *Prova, provão, camisa de força da educação*. Petrópolis: Vozes, 1995.

CAPÍTULO 7

Enegrecendo a Pedagogia: culturas das infâncias negras em perspectiva*

Marta Alencar dos Santos

Iniciando a conversa

Quando nos propomos a ouvir atentamente e de forma interessada o que as crianças negras pequenas têm a nos dizer sobre suas vidas e o mundo, fica evidente que as propostas pedagógicas direcionadas a elas nos espaços coletivos educacionais estão em plena desconexão com o que elas são, seus desejos e suas maneiras de viver. As crianças, de modo geral, mas especialmente as negras, apreendem o mundo e se comunicam orientadas pela perspectiva da cosmopercepção, ou seja, por meio de múltiplas referências sensoriais. Sons, toques, visões e

* Este texto integra os resultados da minha tese, intitulada *Pequenas mahins: culturas infantis das meninas negras na escola comunitária Luiza Mahin em Salvador, Bahia*, defendida na Universidade Federal da Bahia (UFBA). Neste capítulo, foram incorporadas reflexões adicionais sobre o campo da Pedagogia, explorando o potencial transformador das culturas infantis de crianças negras pequenas para a construção de Pedagogias decoloniais e antirracistas.

cheiros fornecem informações para as crianças, todos sendo acionados na busca por uma compreensão da realidade e para se comunicar com ela. Este conceito, cunhado pela feminista nigeriana Oyèrónkẹ Oyěwùmí[1] (2002) em contraposição à cosmovisão, refere-se à percepção do mundo a partir de todos os sentidos, não apenas da visão, supervalorizada pela modernidade/colonialidade. Nesse sentido, tomar como referência a cosmopercepção expressa pelas crianças negras para repensarmos as Pedagogias parece-nos um campo profícuo.

Além de possuírem um caráter cosmoperceptivo, pelo qual percebem e vivenciam o mundo, as crianças negras têm seus corpos atravessados por dimensões como raça, gênero, classe e território, entre outros marcadores sociais da diferença (Marta Alencar dos Santos, 2024). Esses fatores intensificam os desafios nos processos pedagógicos que, ao longo da história da Pedagogia, foram direcionados a elas.

A história da Pedagogia no Brasil é marcada fortemente pelos ideais europeus, advindos da modernidade e materializados em terras brasileiras pelo processo de colonização e escravização da população negra. Em linhas gerais, durante o período colonial, estendendo-se ao início do período republicano, o modelo pedagógico brasileiro tinha suas raízes fincadas na matriz jesuítica, que defendia uma orientação pedagógica escolástica, livresca e, sobretudo, eurocentrada. Esse tipo de Pedagogia respondia aos anseios sociais da época e englobava orientações pedagógicas intencionadas em manter e garantir as colonialidades, aspectos que podem ser observados ainda hoje.

Esse tipo de educação foi fortemente criticado pelos movimentos sociais e intelectuais educacionais, de modo geral, mas foi o Movimento Negro (MN) que evidenciava, com mais força, o caráter colonial-racista presente na Pedagogia brasileira. O MN no Brasil tem uma longa

---

1. Neste texto, utilizaremos o primeiro nome e último sobrenome de cada autora e autor numa perspectiva feminista de visibilização das produções intelectuais das mulheres, uma vez que nossas produções acadêmicas ficam subsumidas a partir da perspectiva patriarcal e sexista das ciências. Não é raro lermos os sobrenomes de autoras e a identificarmos como autores. Seguindo essa mesma linha, neste texto há flexão do gênero quando nos referimos à pessoa, a fim de assumirmos uma linguagem mais inclusiva.

história de luta pela educação antirracista, buscando promover uma educação que valorize a história, a cultura e as contribuições da população negra, incluindo-se aí as crianças, e que combata o racismo estrutural presente no sistema educacional. Desde o período pós-abolição, organizações e lideranças negras têm defendido a inclusão e a valorização da cultura e da história da população negra na educação, vendo nela uma ferramenta crucial para a emancipação e a igualdade sociorracial, não apenas para os povos negros em diáspora, mas também para toda a sociedade brasileira, como nos aponta Nilma Lino Gomes (2020) em seu livro *Movimento negro educador*.

É no rastro do MN e em diálogo com as culturas (re)produzidas pelas crianças negras pequenas que propomos refletir sobre as bases epistemológicas da Pedagogia, abrindo possibilidades para reinterpretá-las e ressignificá-las numa perspectiva decolonial, antirracista e menos adultocêntrica, em que os saberes das crianças negras pequenas sejam acolhidos e tomados como orientadores de epistemologias pedagógicas outras.

Nesse movimento *Sankofa*[2] de olhar para trás e aprender com as mais velhas e os mais velhos, trazemos reflexões sobre a Pedagogia Crítica no Brasil, fazendo um diálogo com os estudos decoloniais e a Pedagogia engajada de bell hooks, a fim de evidenciarmos os desafios e as possibilidades das culturas infantis (re)produzidas pelas crianças negras sendo um farol na guiança por uma Pedagogia decolonial e antirracista.

"Elas inventam é coisa!": crianças negras produtoras de saberes

A frase que abre esta seção é bastante comum entre as adultas e os adultos que atuam em espaços coletivos de educação infantil. Nessa

2. O termo *Sankofa* é de origem Akan, do povo Akan, em Gana, e significa "voltar para buscar". No contexto educacional, *Sankofa* implica um olhar para o passado, recuperando saberes e memórias ancestrais, como estratégia para (re)construir uma educação que valorize a história e a cultura afro-brasileira e africana.

afirmação, há evidências de que as crianças constroem e produzem "coisas", o que não as coloca como seres estranhos ou à parte da nossa sociedade. Pelo contrário, destaca o papel social que desempenham na vida sociocultural de um contexto específico.

Inventar, bem como fazer *coisas*, dá às crianças a condição de atores e atrizes sociais, carregados de novidades inerentes ao seu pertencimento geracional, ao qual dão continuidade e fazem renascer outros mundos. As *fazedoras de coisas* as fazem, na maioria das vezes, com a leveza e a alegria da renovação; e com sentido de que tudo de novo é possível.

Os fazeres das crianças são testemunho de suas agências e de sua habitação em entre-lugares, como nos diz Manuel Sarmento, ao se utilizar do conceito de Bhabha (1998), afirmando que o "[...] entre-lugar é o espaço intersticial entre dois mundos: o mundo consignado pelos adultos e o reinventado nos modos de vida das crianças — e entre dois tempos, o passado e o futuro" (Manuel Sarmento, 2004, p. 10). Assim, as crianças não são meramente receptivas à cultura dos adultos; elas reinterpretam e transformam o ambiente social em que estão inseridas, produzindo práticas e significados próprios.

Esses entre-lugares, portanto, são onde as crianças vivenciam e exercem sua agência de forma mais evidente, confrontando e recriando normas e valores impostos pelo mundo adulto, inclusive o racismo. Ao habitarem essa esfera, elas estabelecem novos modos de ser e estar no mundo, que mesclam experiências transmitidas pelas gerações anteriores com as suas próprias inovações e vivências. Essa atuação não é neutra nem se dá de forma linear para todas as crianças: os entre-lugares permitem às crianças desenvolverem uma identidade racial, de gênero, classe que dialoga com o contexto sociocultural no qual vivem, mas que também questiona e expande os limites desse contexto.

Vale destacar que, mesmo sendo reconhecidas como *inventoras de coisas*, muitas vezes essas coisas que as crianças criam não ganham a importância e a atenção devidas, sendo vistas como algo menor, sendo *coisas de crianças*, como se costuma dizer de forma pejorativa. Dito de outro jeito, com o aporte de Manuel Sarmento, até reconhecemos que as crianças *criam coisas*, mas o:

> [...] debate não se centra no fato, reconhecido, de as crianças produzirem significações autônomas, mas saber se essas significações se estruturam e consolidam em sistemas simbólicos relativamente padronizados, ainda que dinâmicos e heterogêneos, isto é, em culturas (Manuel Sarmento, 2004, p. 21).

Para estudiosos e estudiosas da Sociologia da Infância, a constatação de que as crianças são produtoras de culturas abre caminho para a inserção e a participação desses sujeitos no contexto social. Observar as crianças e suas infâncias, considerando aspectos como pertencimento racial, gênero, sexualidade, territorialidade, e tornar visível a dimensão experiencial dessa população, muitas vezes ignorada ou secundarizada, são oportunidades para conhecer e reconhecer a realidade concreta das crianças, especialmente em sua dimensão de diversidade. Esse é um movimento crucial para romper com as colonialidades e instaurar novos paradigmas relacionados às crianças, a suas infâncias e à própria Pedagogia.

Manuel Sarmento (2004) e William Corsaro (2011) contribuem significativamente para o estudo das culturas infantis, destacando que essas culturas podem ser entendidas como epistemologias autênticas. Para Sarmento (2004), a infância é uma categoria social construída historicamente, em que as crianças, longe de serem apenas seres passivos, são sujeitos ativos de produção cultural. Em suas pesquisas, o autor argumenta que as crianças possuem modos próprios de ver, interpretar e transformar o mundo ao seu redor, configurando-se, portanto, como produtoras de conhecimentos. Essa visão rompe com a perspectiva adultocêntrica que vê a infância como uma fase preparatória para a vida adulta, e valida as experiências e os saberes infantis como fontes genuínas de epistemologia.

O pesquisador William Corsaro (2011) reforça essa ideia ao apresentar o conceito de "reprodução interpretativa", que enfatiza a capacidade das crianças de interpretarem o mundo e agirem sobre ele de maneira coletiva e interativa. Para William Corsaro (2011), as crianças constroem suas próprias culturas de forma colaborativa, entre elas e entre as adultas e os adultos, e têm formas únicas de criar significados através da brincadeira, da interação e do diálogo. Esse processo não só contribui para o desenvolvimento social e cognitivo das crianças, mas também para a produção de saberes próprios, muitas vezes divergentes das normas e dos valores dos adultos. Desse modo, as culturas infantis vão além da simples reprodução dos discursos adultos e se tornam espaços autônomos de construção de conhecimentos válidos.

Observar as culturas infantis como epistemologias nos permite reconhecer que as crianças constroem conhecimentos e significados de maneiras próprias, profundamente conectadas às suas experiências, percepções e contextos de vida. Em outras palavras, as crianças, ao habitarem diferentes realidades e atravessarem vivências particulares, produzem conhecimentos que refletem essa diversidade. Assim, ao olharmos para as experiências das crianças em sua pluralidade, podemos compreender que elas não compartilham uma única infância universal, mas infâncias que variam e se diferenciam de acordo com marcadores sociais, como raça, gênero, classe e território.

Por exemplo, crianças negras e brancas no Brasil não só vivenciam infâncias distintas, mas também produzem saberes e culturas influenciadas por uma sociedade marcada pela herança eurocentrada e racista. Esse eurocentrismo, predominante na cultura brasileira, molda as referências e os valores sociais, afetando de maneira desigual a formação subjetiva de crianças de diferentes origens raciais. O racismo estrutural, ainda tão presente nas estruturas sociais brasileiras, exerce um impacto profundo sobre a subjetividade das crianças negras, que frequentemente se deparam com situações de exclusão, subjugação e inferiorização, tanto em ambientes educacionais quanto em outros espaços de convivência social.

Essas vivências raciais influenciam diretamente as percepções que essas crianças têm sobre si mesmas e sobre o mundo ao seu redor. Para as crianças negras, essas experiências em geral reforçam uma posição de desvalorização e marginalização, impactando seu desenvolvimento. Em contraste, crianças brancas, muitas vezes sem consciência do privilégio, são inseridas em um contexto que lhes concede uma posição de superioridade, seja de forma implícita, seja de modo explícito. Esse processo reforça desigualdades, pois essas crianças passam a ocupar um lugar privilegiado na hierarquia social, o que lhes garante acesso a oportunidades e reconhecimento que as crianças negras nem sempre experimentam.

Essa disparidade de experiências demonstra que o conhecimento e a percepção do mundo são conformados pelas experiências que as crianças vivenciam, e que os saberes por elas produzidos também refletem as desigualdades estruturais da sociedade. Reconhecer essas diferenças é essencial para promover uma Pedagogia que valorize a diversidade epistemológica dos saberes das crianças e questione os padrões de dominação, visando a uma sociedade mais inclusiva e equitativa para todas as infâncias (Marta Alencar dos Santos, 2024).

Vale destacar que pesquisas recentes têm evidenciado que as crianças negras também vivenciam suas infâncias e produzem conhecimentos para além do racismo. Os estudos de Mighian Nunes (2016), Flávia Damião (2007) e Marta Alencar dos Santos (2024) evidenciam a tese de que as crianças negras desobedecem, resistem, insurgem ao racismo e ao adultocentrismo. "Elas estão vivas!" (Mighian Nunes, 2016, p. 384). Esse movimento de (re)existência das crianças negras nos ajuda a questionar as epistemologias que amparam a Pedagogia. Onde estariam os saberes produzidos pelas crianças negras pequenas nas concepções epistemológicas da Pedagogia? Esses saberes são considerados válidos no desenvolvimento dessa ciência? Como e de que forma eles aparecem nas propostas e nas políticas de formação direcionadas a pedagogas e pedagogos?

Para além das experiências raciais, as crianças negras vivenciam infâncias ricas e diversas, nas quais produzem conhecimentos, práticas culturais e expressões próprias que refletem não apenas as lutas e as resistências contra as opressões raciais, mas também alegrias, brincadeiras, saberes comunitários e formas de ver e interpretar o mundo (Mighian Nunes, 2016; Marta Alencar dos Santos, 2024).

Essas crianças estão constantemente explorando e criando, ao brincar, ao imaginar ou ao interagir com seus pares, adultas e adultos e com os artefatos culturais, e essas atividades lhes permitem construir saberes que vão além das marcas da discriminação e do próprio racismo. Elas aprendem os valores culturais, as tradições familiares e os conhecimentos construídos de geração em geração, que reforçam a autoestima, a identidade e o sentido de pertencimento. As crianças negras são como mensageiras da ancestralidade negra, "[...] que traz em si toda a potência da memória ancestral" (Wanderson do Nascimento 2018, p. 586, uma vez que elas "[...] são uma espécie de elo entre essa dimensão histórica do passado e o presente das comunidades. São não o símbolo de seu futuro, mas a expressão de sua continuidade no presente" (Wanderson do Nascimento, 2018, p. 592).

Como mensageiras da ancestralidade negra, as crianças negras trazem a continuidade. Elas não são velhas, muito menos novas nem são futuras. Elas são no presente, no aqui e no agora. Elas vão! Seguem em invenções, fissuras, insurgências, desobediências. O contexto familiar, as redes de apoio e as tradições comunitárias são espaços fundamentais onde as crianças negras desenvolvem conhecimentos que valorizam sua história e cultura. Essas vivências que incluem, sobretudo, práticas de oralidade, têm raízes profundas em tradições afro-brasileiras e africanas, e são uma importante fonte de aprendizado e fortalecimento identitário, além de pontes para (re)construções de culturas infantis atravessadas pela cultura afro-brasileira e africana.

Ademais, essas crianças negras são protagonistas em processos criativos que muitas vezes se refletem na sua experiência de corpo-território-criança (Marta Alencar dos Santos, 2024) que transcendem as vivências raciais, revelando uma infância rica em imaginação, alegria. Suas interações, curiosidade e invenções são formas de construir conhecimento sobre si mesmas, sobre os outros e sobre o mundo onde habitam, revelando que as infâncias negras não se resumem às questões raciais, mas incluem uma multiplicidade de experiências que contribuem para o desenvolvimento de uma visão única e complexa do mundo. Assim, a infância negra é também marcada pela capacidade de criar, inovar e transformar, evidenciando saberes que, mesmo diante de desafios, celebram a diversidade e enriquecem o tecido social como um todo.

Uma Pedagogia decolonial e antirracista se faz com as crianças negras no centro

Quando intencionamos trazer as crianças negras pequenas para o centro do debate da Pedagogia, estamos evidenciando não apenas a presença maciça delas a partir das matrículas nas creches e nas pré-escolas públicas brasileiras, ou dos seus processos de ensino e aprendizagem, mas, sobretudo, como seus corpos marcados e carregados de ancestralidade negra foram e são percebidos ao longo da trajetória dessa ciência social.

Uma Pedagogia para/com as crianças negras pequenas vai além da "teoria do ensino", aquela que muitas vezes "considera apenas em seu aspecto metodológico: ensinar crianças, ensinar para crianças, ensinar como se todos fossem crianças" (Maria Amélia Franco; Jefferson da Silva Moreira, 2003, p. 4). Apenas a Pedagogia crítica, de inspiração freiriana, nos auxilia a repensar Pedagogias outras, Pedagogias emancipatórias e insurgentes. Caso contrário, estaríamos fadados a perpetuar um ensino funcionalista e de dominação sobre o "oprimido".

Nessa perspectiva, em uma sociedade, como a do Brasil, profundamente marcada por desigualdades raciais, de gênero e de classe, a Pedagogia, como ciência e prática educativa, precisa assumir um posicionamento ativo contra essas injustiças. É fundamental que a Pedagogia não seja apenas uma ferramenta "neutra" de transmissão de conhecimento, mas também um campo teórico de luta e transformação social que se comprometa com a promoção de uma educação inclusiva, crítica e com os direitos humanos, em especial, os das crianças.

Para isso, ela deve incorporar práticas que valorizem e integrem saberes oriundos de diversas origens culturais, sociais e raciais, reconhecendo que cada grupo humano traz consigo conhecimentos únicos e válidos, frequentemente ignorados pelo currículo tradicional eurocêntrico. Assim, a Pedagogia precisa acolher saberes indígenas, africanos, afro-brasileiros, populares e outros, dando visibilidade a esses conhecimentos e questionando as narrativas hegemônicas. Além disso, é essencial que a Pedagogia também considere os saberes das crianças pertencentes a esses grupos sociais, uma vez que as colonialidades e o adultocentrismo frequentemente os invisibilizam. O adultocentrismo é um conceito apresentado por Fúlvia Rosemberg (1999), que descreve a estrutura de poder e a visão de mundo que colocam os adultos como a referência central e superior na sociedade, relegando crianças e adolescentes a posições de subordinação e menor importância.

Essa perspectiva sustenta-se na ideia de que o adulto representa a racionalidade e a completude humana, enquanto a infância é vista como uma fase incompleta e transitória, cuja relevância se resume ao potencial de "vir a ser" um adulto. Como resultado, o adultocentrismo legitima práticas educativas e sociais que desconsideram os saberes, as perspectivas e as experiências das crianças, tratadas como sujeitos passivos e dependentes. Em oposição a essa visão, estudos decoloniais e da Sociologia da Infância propõem uma valorização das infâncias como categorias autônomas e produtoras de cultura e conhecimento, defendendo uma abordagem mais inclusiva e menos hierárquica.

Estas reflexões encontram eco quando adentramos as produções teóricas dos e das intelectuais latinos-americanos(as) que compõem o grupo modernidade/colonialidade, responsáveis por sistematizar os estudos decoloniais a partir das argumentações preconizadas pela modernidade. O que trago para este diálogo é um sentido mais amplo de decolonialidade em consonância com Joaze Bernardino-Costa, Nelson Maldonado-Torres e Ramón Grosfoguel, que evidenciam a participação de outras e outros intelectuais nos "processos de resistência e a luta pela reexistência das populações afrodiaspóricas, especialmente a população negra brasileira" (Joaze Bernardino-Costa; Nelson Maldonado-Torres; Ramón Grosfoguel, 2019, p. 9).

Neste alargamento de pensamento sobre a decolonialidade, a partir do pensamento afrodiaspórico brasileiro, este texto se insere em um debate decolonial que tem como propósito evidenciar e sistematizar o que está em jogo ao discutirmos a colonialidade do poder, do ser, do saber e do gênero — a discussão racial. Ou seja, pensar a decolonialidade fora da luta antirracista seria mais uma forma de apagamento do projeto político-acadêmico das populações negras afrodiaspóricas que, há séculos, resistem ao racismo, incluindo aí as crianças negras como parte dessa população.

Nesse sentido, trazer a ideia de uma decolonialidade antirracista é necessário para centralizar as lutas das mulheres negras periféricas, dos quilombos, das rodas de capoeira, das expressões religiosas de matriz africana, da juventude negra, da estética e da arte negra, bem como para centralizar as discussões teórico-metodológicas de intelectuais negras e negros, como Lélia Gonzalez, Beatriz do Nascimento, Sueli Carneiro, Ochy Curiel, Abdias do Nascimento, dentre outras e outros.

O modelo colonialista de produção de conhecimento, assentado em um padrão centro/periferia, vai gerar as chaves para a compreensão do sistema-mundo (Henrique Dussel, 2005) a partir da colonização da América Latina. Essas chaves são (re)interpretadas por intelectuais latino-americanos a partir da decolonialidade, evocando discussões sobre a colonialidade do poder e saber (Aníbal Quijano, 2010); a colonialidade do ser (Nelson Maldonado-Torres, 2010); e a colonialidade do gênero (Maria Lugones, 2008). A partir dessas chaves, esses intelectuais evidenciam que o pensamento dominante na América Latina ainda é colonizado, mesmo havendo a emancipação política e territorial desse território. Esse grupo de intelectuais vai produzir uma teoria crítica contemporânea à modernidade, o que Wanderson do Nascimento (2008) vai intitular de *Estudos sobre a Colonialidade*, que tomo emprestado para fazermos um diálogo com a Pedagogia.

O que está em jogo nessa disputa epistemológica são as formas de desenvolvimento de aparatos éticos, estéticos e políticos de opressão e dominação sobre corpos outros, alijados para o "não ser" desse sistema-mundo, que se estruturava a partir da colonização, tendo como elemento fundante a "raça" (Aníbal Quijano, 2010, p. 118). Portanto, as populações não europeias seriam esses corpos de vivências colonizadas, o que relegaria a essa população lugares subalternos e até mesmo invisibilizados. Estariam enquadradas no "outro" encoberto pela modernidade (Henrique Dussel, 1993).

Nos estudos de Aníbal Quijano (2010) sobre colonialidade do poder e saber, o autor evidencia a classificação social da população do mundo a partir da ideia de "raça", que vai formar uma hierarquia social, classificando populações negras e indígenas como inferiores a partir da dominação, incluindo-se aí as crianças pertencentes a essas populações. Dentro dessa hierarquia racial, podemos enfatizar a colonialidade do saber, que nos estudos do referido autor aparece como peça fundamental para se manter no poder o projeto colonizador branco eurocentrado.

Nesse sentido, foi construído um aparato de produção de conhecimento — uma epistemologia que se impõe como a única forma válida de produzir e difundir conhecimento, com o objetivo de manter a hegemonia epistêmica europeia. Podemos dizer que a Pedagogia se configurou e ainda se configura como uma grande aliada nesse processo. No entanto, essa ciência também possui o potencial de fissurar a lógica colonial, uma vez que seu caráter crítico, conforme afirmam Maria Amélia Franco e Jefferson da Silva Moreira (2023), a torna especialmente apta para desempenhar esse papel transformador: "não pode a Pedagogia se acomodar ao mundo, é preciso que ela esteja em contínuo processo de vir-a-ser. A Pedagogia como ciência precisa pensar nas possibilidades outras, no outro mundo possível" (Maria Amélia Franco; Jefferson da Silva Moreira, 2023, p. 6).

Refletir sobre outros mundos e formas epistêmicas de educação está no cerne dos estudos da decolonialidade. Integrar essas perspectivas ao pensamento pedagógico crítico significa expandir seus horizontes, ultrapassando as fronteiras coloniais e questionando os próprios fundamentos epistemológicos da educação tradicional. Esse movimento busca desvincular a Pedagogia de valores muitas vezes enraizados no eurocentrismo e no colonialismo, abrindo espaço para práticas educacionais mais inclusivas e plurais.

Nesse sentido, a decolonialidade enriquece a Pedagogia Crítica, e ambas se retroalimentam, trazendo uma nova dimensão ao entendimento da opressão vinculada ao colonialismo e a suas heranças. Uma educação crítica e decolonial não se limita a questionar apenas as desigualdades raciais, de gênero, classe e geração; ela problematiza também a própria estrutura do conhecimento e as práticas culturais que sustentam essas desigualdades. Essa abordagem nos desafia a refletir sobre a base epistêmica na qual a Pedagogia está assentada e nos convoca a uma ação transformadora, como nos ensina bell hooks (2017) a partir das reflexões sobre a Pedagogia Engajada.

A Pedagogia apresentada por bell hooks está centrada na participação ativa, na construção coletiva do conhecimento e na promoção de uma educação inclusiva e crítica. Influenciada por Paulo Freire, hooks propõe que a educação deve ser um processo de liberdade, em que professoras e professores e estudantes estejam juntos no ato de aprender, ensinando-se mutuamente. Para ela, a sala de aula deve ser um espaço de transformação, onde se supera a mera transmissão de conteúdo para estimular a reflexão crítica sobre as opressões, promovendo a construção de saberes que validem as experiências diversas e enfrentem as desigualdades.

Um dos aspectos centrais da Pedagogia Engajada de hooks é a luta contra as opressões interseccionais — raciais, de gênero e de classe —, que estruturam as relações sociais e impactam diretamente as vidas dos estudantes e das estudantes, das educadoras e dos educadores. hooks acredita que a educação deve desafiar essas hierarquias e trabalhar para desconstruir as práticas de dominação que se perpetuam no ambiente escolar.

Cabe destacar um ponto de convergência entre a Pedagogia Engajada de bell hooks e os estudos decoloniais: a crítica à pretensa neutralidade e objetividade do saber acadêmico tradicional. Nesse sentido, uma educação verdadeiramente engajada e decolonial deve desafiar a ideia de imparcialidade, e abraçar um compromisso ético e político com a justiça social. Cabe às educadoras e aos educadores comprometidos com essas perspectivas o papel de desnaturalizar privilégios — como o privilégio branco e o patriarcado —, propondo práticas pedagógicas que acolham a diversidade e desafiem as estruturas de opressão.

Uma educação verdadeiramente transformadora, nas reflexões de bell hooks (2017), deve "dar voz" a quem foi historicamente silenciado, criando uma prática pedagógica baseada na empatia, no respeito e na valorização das identidades plurais, bem como no reconhecimento da multiplicidade de experiências e epistemologias que foram marginalizadas pelo eurocentrismo. Portanto, considerar as culturas infantis, em especial as (re)produzidas pelas crianças negras como epistemologias, aponta para mais uma possibilidade de empreitarmos uma Pedagogia insurgente, desobediente, antirracista.

E a conversa continua...

As culturas infantis das crianças negras pequenas trazem uma rica contribuição para o campo da Pedagogia, apresentando uma perspectiva epistemológica que valoriza a diversidade de saberes e experiências gerados em suas vivências cotidianas. Essas culturas desafiam visões adultocêntricas e eurocêntricas da educação, ao destacar as crianças como agentes ativos que criam e recriam significados e práticas culturais próprias. Longe de apenas reproduzirem o mundo, essas crianças o reinterpretam a partir de suas realidades sociais, culturais e raciais, revelando conhecimentos que fissuram os limites impostos pela Pedagogia tradicional.

Ao colocar as vivências e as culturas das crianças negras no centro de uma Pedagogia decolonial e antirracista, abre-se espaço para epistemologias plurais e insurgentes. Essas novas epistemologias questionam os fundamentos coloniais do saber educacional, promovendo a valorização dos conhecimentos ancestrais e comunitários dessas crianças. Essa abordagem pedagógica não apenas fortalece a construção de uma educação antirracista, como também reconhece as crianças negras como produtoras de saberes válidos e protagonistas de resistência e inovação.

Assim, acolher as culturas infantis negras é um convite para que a Pedagogia amplie seu escopo e se (re)configure em uma ciência que não somentes ensina, mas, sobretudo, aprende com as infâncias. Essa perspectiva exige uma ruptura com concepções e práticas excludentes, alinhando-se aos princípios da decolonialidade e do antirracismo, promovendo uma educação que celebre a diferença.

Colocar as crianças negras no centro da Pedagogia significa permitir que suas vivências e saberes guiem o processo educativo. Essa postura reafirma a potência transformadora das Pedagogias insurgentes, que reconhecem essas crianças como sujeitos plenos, capazes de construir conhecimentos relevantes e significativos. Assim, reafirma-se a centralidade das infâncias negras e de suas culturas na luta por uma Pedagogia antirracista, menos adultocêntrica e mais sensível às diversidades que compõem a sociedade brasileira. Um caminho possível para uma Pedagogia enegrecida!

Referências

BERNARDINO-COSTA, J.; MALDONADO-TORRES, N.; GROSFOGUEL, R. (org.). *Decolonialidade e pensamento afrodiaspórico*. São Paulo: Autêntica, 2019.

BHABHA, H. *O local da cultura*. Belo Horizonte: Editora da UFMG, 1998.

CORSARO, W A. *Sociologia da infância*. 2. ed. Tradução: Lia Gabriele R. Reis. Porto Alegre: Artmed, 2011.

DAMIÃO, F. de J. *Primeira infância, afrodescendência e educação no Arraial do Retiro*. 2007. 146 f. Dissertação (Mestrado em Educação) — Universidade Federal do Ceará, Fortaleza, 2007.

DUSSEL, E. *1492*: o encobrimento do outro — a origem do "mito da modernidade". Petrópolis: Vozes, 1993.

DUSSEL, E. Europa, modernidade e eurocentrismo. *In*: LANDER, E. (org.). *A colonialidade do saber*: eurocentrismo e ciências sociais. Perspectivas latino-americana, Buenos Aires: Clacso, 2005. p. 55-70.

FRANCO, M. A. do R. S.; MOREIRA, J. da S. Possibilidades emancipatórias e insurgentes da Pedagogia Crítica: dialogando com Maria Amélia Santoro Franco. *Olhar de Professor*, [*s. l.*], v. 26, p. 1-23, 2023. DOI: 10.5212/OlharProfr.v.26.21121.012. Disponível em: https://revistas.uepg.br/index.php/olhardeprofessor/article/view/21121. Acesso em: 17 nov. 2024.

GOMES, N. L. *Movimento negro educador*. 2. ed. São Paulo: Cortez Editora, 2020.

HOOKS, b. *Ensinando a transgredir*: a educação como prática da liberdade. 2. ed. São Paulo: WMF Martins Fontes, 2017.

LUGONES, M. Colonialidade e gênero. *Tabula Rasa*, [*s. l.*], n. 9, p. 73-102, 2008.

MALDONADO-TORRES, N. A topologia do ser e a geopolítica do conhecimento: modernidade, império e colonialidade. *In*: SANTOS, B. de S.; MENESES, M. P. (org.). *Epistemologias do Sul*. São Paulo: Cortez Editora, 2010. p. 71-114.

NASCIMENTO, W. F. do. Por uma vida não colonizada: diálogo entre bioética de intervenção e colonialidade. *Revista Bioética*, Brasília, v. 16, n. 2, p. 273-284, 2008. Disponível em: https://www.scielo.br/j/sausoc/a/HFbxZhqrS7qcs46XDtjLmWm/. Acesso em: 17 nov. 2022.

NASCIMENTO, W. F. do. Temporalidade, memória e ancestralidade: enredamentos africanos entre infância e formação. *In*: RODRIGUES, A.; BERLE, S.; KOHAN, W. (org.). *Filosofia e educação em errância*: inventar escola, infâncias do pensar. Rio de Janeiro: Nefi, 2018. v. 1, p. 583-595.

NUNES, M. D. *Mandingas da infância*: as culturas das crianças pequenas na escola municipal Malê de Balê, Salvador (BA). 2016. Tese (Doutorado em Educação) — Faculdade de Educação, Universidade de São Paulo, São Paulo, 2016.

OYÈWÙMÍ, O. *The invention of women*: making an African sense of Western gender discourses. Minneapolis: University of Minnesota Press, 2002.

QUIJANO, A. Colonialidade do poder e classificação social. *In*: SANTOS, B. de S.; MENESES, M. P. (org.). *Epistemologias do Sul*. São Paulo: Cortez Editora, 2010. p. 84-130.

ROSEMBERG, F. Igualdade e diferença no debate sobre educação infantil. *In*: ROCHA, M. C. S. (org.). *Educação infantil em debate*. São Paulo: Cortez Editora, 1999. p. 35-53.

SANTOS, M. A. dos. *Pequenas mahins*: culturas infantis das meninas negras na escola comunitária Luiza Mahin, em Salvador, Bahia. 2024. Tese (Doutorado em Educação) — Faculdade de Educação, Universidade Federal da Bahia, Salvador, 2024.

SARMENTO, M. J. *et al*. As culturas da infância nas encruzilhadas da 2ª modernidade. *In*: SARMENTO, M. J.; CERISARA, A. B. *Crianças e miúdos*: perspectivas sociopedagógicas da infância e educação. Porto: Asa, 2004. p. 9-34. Disponível em: https://repositorium.sdum.uminho.pt/handle/1822/79714. Acesso em: 9 jun. 2021.

CAPÍTULO 8

A Pedagogia do Brincar:
princípios e práticas

Silvia Cinelli Quaranta

Introdução

Este texto é fruto de uma tese de doutorado que teve como objeto de pesquisa o brincar como prática pedagógica do professor que ministra aula na Educação Infantil, em uma rede pública municipal, na qual foi desenvolvida uma Pesquisa-Ação Pedagógica (PAPe) (Franco, 2016).

Ao pensar em uma Pedagogia do Brincar, em geral, a primeira coisa que nos vem à mente são crianças brincando na escola, rindo, correndo, criando. É certo que essas situações ocorrerão, porém, não é por esse prisma que, neste texto, o brincar será observado, meu ponto de partida será o professor e sua prática pedagógica.

No entanto, como uma Pedagogia do Brincar pode não falar de crianças brincando na escola? Isso é o que será explicado a seguir, mas, antes, faz-se necessário conceitualizar o que é o brincar; como o brincar é visto neste texto; e de qual Pedagogia estou falando e de onde inicio esta jornada.

Para começar, brincar é um termo ambíguo e polissêmico que, por sua amplitude de possibilidades e sua ligação a determinações sociais, culturais, etárias e idiomáticas, dificilmente conseguirá ser conceitualizado. Está presente em todas as culturas ocidentais e orientais e mesmo antes dessa organização geográfica (Huizinga, 2019). Sutton-Smith (2017) o compara a uma praia, que se encontra entre a terra e o mar.

Fortuna o vê como um ponto de união "ligando passado, presente e futuro e, da mesma forma, ligando o sujeito a si mesmo, aos outros e ao transcendente, ou, ainda, ligando o mundo real e o mundo imaginário, tanto quanto o sagrado e o profano, a brincadeira revela-se uma ponte" (Fortuna, 2018, p. 52), que possibilita àquele que dela usufrui a descoberta de si, do outro e do mundo que o rodeia por meio de diferentes formas e possibilidades.

Brincar não é uma atividade exclusiva da criança, acontece em todas as faixas etárias, de diferentes modos e contextos, e se apresenta de modo diferenciado na espécie humana por envolver capacidades mentais superiores.

O brincar que acontece na escola, com intencionalidade e dentro de uma práxis na qual o objeto primeiro é o professor, sua prática pedagógica e a teoria que o sustenta, é diferente da perspectiva do brincar de uma clínica de Psicologia ou de um *setting* psicopedagógico. Ele é um brincar pedagógico, desenvolvido a partir de uma Pedagogia do Brincar.

Por uma Pedagogia do Brincar: princípios

> *O brincar é muito importante para o desenvolvimento completo da criança, a gente sabe disso! Desenvolve tanto o cidadão crítico quanto o desenvolvimento motor, físico etc., mas é preciso conhecer o que aquele brincar que você proporciona está oferecendo para a criança.*
>
> Professora Beija-Flor[1]

Em termos legais, brincar é um direito da criança (Brasil, 1990). Embora a Lei de Diretrizes e Bases da Educação (LDB) n. 9.394 (Brasil,

1. Codinome de um dos professores participantes da pesquisa desenvolvida por Quaranta (2024).

1996) não o cite em seu texto, o documento prevê o desenvolvimento integral da criança, o que traz o brincar para o cenário legislativo educacional brasileiro, uma vez que não pode haver desenvolvimento integral da criança sem a presença do brincar, fato reconhecido em todas as legislações que orientam a organização curricular da Educação Infantil.[2]

Ainda no contexto normativo dos processos educacionais, ao analisar o modo como o brincar é percebido nos Referenciais Curriculares Nacionais para a Educação Infantil (RCNEI), nos Parâmetros de Qualidade da Educação Infantil, nas Diretrizes Curriculares Nacionais da Educação Infantil (DCNEI) e na Base Nacional Comum Curricular (BNCC), nota-se que, em todos, há um destaque para o tema, o que demonstra avanços na legislação brasileira no que se refere ao brincar que se apresenta nos documentos como forma de expressão e desenvolvimento da criança, respeitando suas características (Brasil, 1998a; 1998b; 1998c; 2006a; 2006b; 2010; 2018).

A BNCC (Brasil, 2018), embora seja um documento marcado por ideias neoliberais e com armadilhas que podem fazer com que a Educação Infantil volte a ser uma preparação para o Ensino Fundamental (Nogueira, 2023), aponta as brincadeiras e as interações como os eixos estruturantes da Educação Infantil, e coloca o brincar como um dos seis direitos de aprendizagem e desenvolvimento das crianças (Conviver, Brincar, Participar, Explorar, Expressar, Conhecer-se) que, por sua vez, deve acontecer cotidianamente. O documento observa os benefícios que o brincar e a brincadeira podem trazer, atribuindo eles um papel importante no desenvolvimento da criança pequena.

Embora o brincar seja indicado como uma importante estratégia de trabalho do professor, junto às crianças que frequentam a pré-escola, como parte integrante da infância, como um direito da criança nos documentos oficiais, ao se olhar para a realidade das escolas de

2. Referencial Curricular Nacional para a Educação Infantil (RCNEI) (Brasil, 1998a; 1998b; 1998c); Parâmetros Nacionais de Qualidade para a Educação Infantil — volumes 1 e 2 (Brasil, 2006a; 2006b); Diretrizes Curriculares Nacionais para a Educação Infantil (DCNEI) (Brasil, 2010); e Base Nacional Comum Curricular — BNCC (Brasil, 2018).

Educação Infantil, observa-se um descompasso histórico entre o que é sugerido nos documentos referenciais e o cotidiano escolar, no qual o universo cultural infantil está deixando de ser considerado em favor do tecnicismo, em prol do desenvolvimento cognitivo organizado em áreas compartimentadas, com ênfase na alfabetização, provocando uma dicotomia no conhecimento e no desenvolvimento da criança, com a antecipação da escolarização, a desvalorização do jogo e do brinquedo.

Quanto a esse descompasso, entre a teoria legislativa e o cotidiano escolar, Teles (2018) propõe que o direito de brincar precisa sair da vontade das pessoas e dos documentos oficiais para se efetivar em práticas cotidianas na Educação Infantil. Mas como fazer para que o brincar passe a integrar as práticas cotidianas, diante das pressões mercadológicas que retiram os espaços de brincar nas escolas para a construção de mais espaços de aprender (salas de aulas) que devem atender aos manuais de Orientações Técnicas (Brasil, 2017a; 2017b) que orientam a construção e o mobiliário das escolas públicas no Brasil?

Elaborados por técnicos que pouco ou nada conhecem sobre a educação, sem a participação de pedagogos que poderiam orientar sobre as necessidades pedagógicas das crianças pequenas, em que locais como hortas, tanques de areia, pomares e jardins que poderiam trazer experiências brincantes importantes para o desenvolvimento infantil são deixados em segundo plano, esses espaços são deixados para *quando possível.* E quando será possível diante da imposição legal de a criança, a partir de quatro anos de idade, frequentar a escola (Brasil, 2013) e de o aluno representar um valor recebido pelo município por matrícula consolidada?

Essas observações indicam a pouca importância dada aos ambientes educacionais, a falta de conhecimento das necessidades da criança e a desconsideração das propostas pedagógicas presentes nos documentos oficiais, e podem ser consideradas as grandes responsáveis pelo brincar estar cada vez mais distante das escolas de Educação Infantil.

Porém, a prática pedagógica do professor pode ser um ponto de resistência para que o brincar possa estar presente nas escolas de

Educação Infantil como um exercício cotidiano desenvolvido a partir de uma intencionalidade, de um planejamento, de um olhar atento e observador, compreendido como um instrumento potencializador do desenvolvimento infantil.

O brincar é um fenômeno ambíguo que, devido à sua amplitude de sentido, de significado, de retórica, de terminologias, dificilmente poderá ser definido. Quaranta (2024), ao pesquisar como diversos teóricos perceberam o brincar em suas teorias, observou o brincar na escola como sendo a atividade-guia[3] da criança (Vygotsky; Leontiev), que se manifesta de diferentes formas, de acordo com cada faixa etária (Piaget); uma atividade séria e importante para o conhecimento do que é ser criança, algo que a auxilia a encontrar e exercer seu papel na sociedade, não podendo ser visto como alguma coisa trivial (Fröebel), que se desenvolve em um ambiente educacional onde os espaços, o mobiliário e os materiais favorecessem a construção, a criação e a investigação ativa da criança (Dewey); onde a criança possa mover-se sem a preocupação com a imobilidade e o silêncio (Montessori), em que a sala de aula seja um ambiente de experimentação, com atividades lúdicas que motivem a criança a aprender (Freinet) e com um professor que tenha um espírito brincante, que utilize em suas aulas as possibilidades apresentadas pelo jogo, como a imaginação, o raciocínio, a expressão, a relação com o outro e consigo mesmo em processos de ensino-aprendizagem (Fortuna).

Esse olhar para o brincar pode parecer utópico, mas, a partir dele, é possível ver o brincar que pode acontecer na escola, e sigo a coerência defendida por Quaranta (2015; 2024) de que, ao entrar em uma sala de aula, o professor não consegue orientar-se por apenas uma teoria, é preciso várias, e diferentes olhares para que se possa adentrar nessa sala, afinal, se "é preciso uma tribo inteira para educar

---

3. De acordo com Prestes (2010, p. 2), a expressão "atividade-guia" não significa que seja a atividade que mais tempo ocupa ou a mais importante ou a única presente naquela etapa do desenvolvimento. É guia porque, em certa idade, vai guiar o desenvolvimento psicológico da criança, gerando neoformações. Cada atividade-guia surge dos conflitos gerados no âmbito da atividade-guia antecedente, numa relação dialética.

uma criança"[4], por que o professor, que terá que educar/ensinar muitas crianças, tem que se orientar por um único olhar?

Em face de todo o exposto e para a ampliação desse olhar, trago a Pedagogia como ciência da educação, como aquela que estuda os fenômenos educacionais (Franco, 2008); e a ancoragem na Pedagogia Crítica, que se coloca a favor do reconhecimento de direitos, em prol de uma formação que possibilite a emancipação (Freire, 2011a; 2011b; hooks,[5] 2017).

A Pedagogia Crítica abre as portas para um querer mais, acredita que possíveis caminhos de emancipação podem advir da prática pedagógica. Ela solicita diferentes olhares para um mesmo ponto, não aceita ingenuamente o que está posto e procura possibilidades para a superação dos problemas educacionais, como uma alternativa para romper a lógica de dominação e do utilitarismo a que a escola tem sido submetida, descolonizando-a, trazendo novos sentidos e significados à educação (Franco, 2020).

Mas, para que se possa desenvolver uma Pedagogia Crítica, faz-se necessário uma prática pedagógica na qual o professor é consciente de seu fazer na escola, em que a criatividade, o pensar além, o fazer certo de Paulo Freire estejam constantemente presentes na sala de aula e na prática docente.

Por uma Pedagogia do Brincar: prática

A prática que se caracteriza dentro do pensamento de uma Pedagogia Crítica é aquela na qual a intencionalidade pedagógica se faz

4. Provérbio africano. Disponível em: https://futura.frm.org.br/conteudo/midias-educativas/artigo/quantas-aldeias-sao-necessarias-para-educar-uma-crianca. Acesso em: 14. nov 2024.

5. Pseudônimo de Gloria Jean Watkins. O nome, grafado em minúscula, é um posicionamento político da recusa egoica intelectual da autora, que entende que a obra e suas palavras devem ser mais importantes que sua pessoa.

presente, em que o professor tem evidentes o sentido e o significado de suas práticas, a fim de que, quando questionado sobre suas escolhas didático-metodológicas, ele tenha a compreensão do que e para que de uma determinada proposta. Esse saber dará segurança ao professor, será seu embasamento teórico, o qual transformará sua prática em uma *práxis*, que não permite que o docente seja tratado como um simples repetidor de atividades prescritas, um instrutor, um monitor.

Desse modo, a prática pedagógica não pode ser realizada de maneira casual, ela é resultado de um conjunto complexo e multifatorial de ações, que não podem ser vistas como algo que simplesmente acontece na escola; ela exige, daquele que a exerce, conhecimento, ética, organização, antecipação de resultados, observação, análise, planejamento, diálogo, comprometimento, humanidade. São características que darão um caráter reflexivo e intencional à prática pedagógica, que só pode acontecer se o professor se empoderar de seu fazer.

Contudo, é necessário que o professor tenha clara sua finalidade educativa, os objetivos a serem atingidos com a atividade, saiba como intervir, preocupe-se com a criança, percebendo que há diferença entre o seu tempo e o tempo dela. Essa percepção de diferença de tempo significa ter uma atitude educativa, na qual, a partir do olhar e da observação atenta à criança, ela seja estimulada e desafiada a adquirir novas possibilidades de aprendizagem, a ampliar seus conhecimentos, em que o não saber é substituído pela possibilidade de se perceber o que estava obscurecido por um discurso que só vê dificuldades e impossibilidades no fazer da criança.

E, ao olhar para as possibilidades do fazer da criança e pensar em uma Pedagogia Crítica, percebe-se uma prática pedagógica na qual o brincar, o movimento, o corpo e a alegria, características da faixa etária e que precisam estar presentes dentro na sala de aula, fazem-se imprescindíveis, uma vez que, desde a Educação Infantil, é possível observar a docilização dos corpos, a valorização da mente e do pensar em detrimento do se movimentar, do brincar, do transformar a sala de aula em um momento de aventura, de desafio e de alegria.

Sobre a mobilidade das crianças na escola, oportunamente Freire pergunta: "aluno só aprende sentado, sem fazer barulho?" (Freire, 2003, p. 12); e hooks nos responde: "as pessoas entram para ensinar como se apenas a mente estivesse presente, e o corpo não" (hooks, 2017, p. 253) e, nesse ponto, não se referindo apenas aos alunos, mas também aos professores, que precisam estar inteiros dentro da sala de aula, de corpo e mente. O corpo não pode ser esquecido, pois a vida acontece dentro do corpo e não apenas no cérebro, e a criança pequena tem a necessidade e o direito de utilizar esse corpo, de se movimentar, de brincar dentro do ambiente escolar.

Outro aspecto relevante de ser mencionado é a alegria, pois é outro fator que não pode ser esquecido. hooks (2020) e Freire (1996) defendem a alegria na escola, a aula ministrada de forma sensível, respeitando as características das crianças. Fato corroborado pelas neurociências, que veem as emoções prazerosas (Cosenza; Guerra, 2011), a alegria (Frazzetto, 2014), a construção de memórias positivas (Frazzetto, 2014; França; Diniz, 2014), a atividade física (França; Diniz, 2014; Cosenza; Guerra, 2011) como ativadores de novas conexões neurológicas, fatores fundamentais para o desenvolvimento do intelecto, do processo criativo e da cognição.

Mas como trazer o corpo, o movimento, a alegria, a construção de memórias positivas à pré-escola?

O brincar como prática pedagógica é a resposta, uma vez que brincar é a atividade-guia da criança nessa faixa etária; e, para tal, pensar em uma prática docente que tenha como princípio pedagógico o brincar pode ser visto como uma forma insurgente de pensar para além da sala de aula, com uma prática pedagógica consciente que impele o professor a se perguntar: o que acontece quando a criança brinca, que sinais ela está mostrando, o que está pensando? O que está aprendendo?

Acredito, com bases nos estudos dos autores já citados, que o ato de brincar na escola não pode acontecer de maneira espontaneísta e ingênua. Ele necessita ser pensado, planejado, organizado, observado pelo professor, que precisa participar do momento com perguntas de verdadeiro interesse, em um posicionamento de comunicação sincera e interessada, uma vez que a criança é extremamente atenta e sensível, e percebe quando algo é real, dando mais atenção se notar que a fala do professor tem verdadeiro interesse em entender o momento e de participar dele (Katz, 2016).

A Pesquisa-Ação Pedagógica (PAPe) demonstrou que quando a criança brinca, o educador precisa estar atento, apoiar, questionar, evidenciando a necessidade de o professor saber o que irá oferecer à criança em termos de aprendizagem. Para que o brincar se apresente de modo efetivo, as crianças precisam de:

> [...] companheiros de brincadeiras, espaços ou áreas para brincar, materiais para brincar, e que o brincar seja valorizado pelas pessoas que as cercam; oportunidades para brincar em pares, em pequenos grupos, sozinhas, perto de outras pessoas, com adultos; tempo para explorar, através da linguagem, aquilo que fizeram e como elas podem descrever a experiência; tempo para continuar o que iniciaram (uma vez que muitos trabalhos valiosos não são concluídos); experiências para ampliar e aprofundar aquilo que já sabem e aquilo que já podem fazer; estímulo para fazer e aprender mais e oportunidade lúdicas planejadas e espontâneas (Moyles, 2002, p. 106).

Ao criar oportunidades lúdicas planejadas (dentre as quais incluo o brincar livre), o posicionamento do professor torna-se fundamental, pois será a sua condução, no momento da fala e da escuta, que possibilitará que o brincar aconteça com direção pedagógica ou se torne uma atividade instrumentalizada, com uma visão adultocêntrica, determinando a forma como a brincadeira será desenvolvida.

Em contrapartida, ao dar direção, o professor, por meio de sua intencionalidade, torna-se o instigador da criatividade e da imaginação, aquele que dá rumo, orienta de forma não prescritiva, estimula a participação da criança, mas não a obriga a participar. É aquele que, ao propor o brincar, o faz de modo que permita à criança criar, explorar diferentes possibilidades, em que não há certo ou errado, mas a chance de a criança criar, imaginar, desenvolver sua curiosidade, ampliando seus conhecimentos sobre um determinado tema.

O brincar pedagógico é uma proposta em que a expressão livre da criança é permitida, na qual as dúvidas e as incompreensões são respondidas de forma natural, sendo observadas pelo professor que direcionará o ato, sem impor suas expectativas e premissas sobre o que é esperado, sem instrumentalizar. Dito com outras palavras, ele pode dizer o que espera que a criança faça, mas sua postura e fala permitem que a criança explore o movimento ou o material fornecido e, a partir dele, crie possibilidades. O brincar pedagógico é uma ação do professor consciente de que as crianças não aprendem sozinhas, elas necessitam de ação docente para que possam caminhar (Mak, 2019; Gobbato, 2019).

Sob essa perspectiva, o professor necessita promover novas aprendizagens e não girar em torno daquilo que as crianças já sabem (Freire, 2011b), ser um provocador, instigar o desenvolvimento das Zonas de Desenvolvimento Iminente (ZDI)[6] (Vygotsky, 2008) e, para tal, seu posicionamento é fundamental.

Um exemplo desse pensamento pode ser o jogo de amarelinha: quando há o dirigir didático, a atividade pode ser conduzida para o ensino de sequência numérica, de cores ou de coordenação motora global, o professor determina o modo de pular, como deve ser feito, com ênfase naquilo que deseja ensinar. Não há o ensino do jogo, o aluno apenas segue o exemplo dado, executando aquilo que o professor solicita.

---

6. Prestes (2010), em sua tese, ao analisar as traduções dos textos de Vygotsky diretamente do russo, encontrou divergências na tradução da expressão *zona blijaichego razvitia*, que para alguns pode ser entendida como Zona de Desenvolvimento Proximal ou Imediata. Entretanto, a autora defende que a tradução correta é Zona de Desenvolvimento Iminente (ZDI), caracterizada, principalmente, pelas possibilidades de desenvolvimento e não por seu imediatismo ou obrigatoriedade de ocorrência, uma vez que a criança necessita da colaboração do outro para amadurecer determinadas funções intelectuais em alguns períodos de sua vida, porém, a presença ou não de uma pessoa para colaborar "não garante, por si só, o seu amadurecimento" (Prestes, 2010, p. 172).

Já ao fazer a direção pedagógica, o professor apresenta o desenho do jogo amarelinha, sem dar exemplos fechados. Ele fala, explica, discute as possibilidades de fazer com os alunos, estimula a participação (sem obrigar), esclarece as dúvidas, deixa que experimentem diferentes situações, possibilita a problematização e observa, de maneira atenta, como os estudantes solucionam os desafios propostos. Isso pode conduzir a uma nova forma de jogar, mas que pode também possibilitar ao professor, em algum momento, por meio de sua mediação, trazer as regras culturalmente estabelecidas e apresentar para os alunos versões distintas de amarelinha que existem. Ou seja, a intencionalidade do professor pode até ser de aprendizagem de algum conteúdo, mas a forma como está sendo desenvolvida é um jogo, uma brincadeira.

Essa prática pedagógica do professor permitirá uma Pedagogia diferente, uma Pedagogia do Brincar, uma Pedagogia Lúdica (Fortuna, 2019), que se difere pela postura do professor, que não é o mandatário da situação, mas aquele que dá possíveis direcionamentos, faz a mediação, tem uma atitude marcada pelo humor, que coloca o aluno em uma situação- problema a qual ele terá que solucionar a partir de sua imaginação, criatividade, iniciativa, na qual o professor, com sua intencionalidade, sabe o destino aonde quer chegar. Ele é aquele que brinca com a criança, mas continua atento a suas responsabilidades pedagógicas (Fortuna, 2019), contudo a criança, em sua percepção, está brincando.

Não se trata de tentar enganar a criança "com estímulos sedutores" (Erasmo, 1526, p. 422, *apud* Brougère, 1995, p. 96); não é um artifício, mas uma possibilidade didático-pedagógica de tornar o ensinar mais agradável nessa faixa etária, uma aula lúdica que "resulta em uma nova composição dos saberes que se contrapõe à forma hegemônica, rígida e hierarquizada, que separa e opõe aprender e brincar" (Fortuna, 2019, p. 7).

Mas como saber se o aluno aprendeu algo na brincadeira proposta pelo professor? Franco observa que "as aprendizagens ocorrem sempre para além ou para aquém do planejado; ocorrem nos caminhos tortuosos, lentos, dinâmicos das trajetórias dos sujeitos" (Franco, 2012, p. 150). Por esse motivo, não há como dizer se alguém aprenderá ou não a partir de uma determinada atividade, o que existem são tentativas e a utilização de diferentes práticas pedagógicas para que se possa estimular a aprendizagem.

Considerações finais

Uma Pedagogia do Brincar solicita do professor uma postura brincante, mas é necessário respeitá-lo, encontrar um equilíbrio, pois:

> [...] eu acho é que a gente tem que estar a fim de brincar, às vezes a gente não está a fim de brincar também, não é? Você tem que estar com vontade, às vezes você prefere o que é mais prático, mais cômodo e brincar dispõe de você estar mais presente, você querer fazer, agitar, querer animar a criança. Precisa querer desejar, estar animada para isso (Cachinhos Dourados, 6º encontro, 2024).

Brincar não pode ser uma prática imposta ao professor, há necessidade de que suas características pessoais, seus limites e suas possibilidades de brincar sejam respeitados, caso contrário, o professor continuará a ser oprimido em sua prática docente.

É preciso que o professor saiba brincar e, para que isso se efetive, faz-se necessária a formação, seja ela inicial, seja continuada, que permita que o brincar deixe de ser uma ação espontaneísta, a qual simplesmente acontece na escola, e se torne uma possibilidade pedagógica, uma Pedagogia do Brincar.

Tenho ciência de que não será a Pedagogia do Brincar a redentora das questões didáticas e pedagógicas da Educação Infantil. Não podemos ir de um extremo ao outro, mas é preciso que ela seja desenvolvida nas escolas para que se tenha a possibilidade de um ensino mais significativo e coerente com as necessidades de aprendizagem da criança pequena.

Embora a pesquisa que deu origem a este texto tenha sido realizada com professores de Educação Infantil, que ministram aula na pré-escola, a possibilidade de uma Pedagogia do Brincar não se restringe apenas a esse segmento da educação. O brincar como uma estratégia didática, como uma prática pedagógica, pode e deve também acontecer em todos os segmentos da educação, da Educação Infantil à universidade, uma vez que em todas as diretrizes curriculares para a formação de professores há orientação para a formação de práticas educativas que se desenvolvam em diferentes dimensões, incluindo a dimensão lúdica.

Há necessidade de modificar o modo bancário como a educação tem se constituído no Brasil e, para isso, uma Pedagogia do Brincar, na qual o professor tenha uma postura brincante e quebre o adultocentrismo existente nas escolas, pode ser uma possibilidade de trazer vida e entusiasmo, que parecem ter desaparecido desse ambiente.

O brincar pedagógico pode possibilitar, na escola, um ambiente mais salutar, pois, como observou Winnicott (2019), brincar também está relacionado à saúde. Em sua teoria, a criatividade que o brincar promove é uma "característica da vida e do viver total" (Winnicott, 2019, p. 93); aquele que não brinca pode perder a alegria de viver, e se o ambiente escolar for um local onde somente a seriedade esteja presente, certamente ele não será um ambiente saudável, tanto para as crianças como para os adultos que nele se encontram.

Desse modo, o professor que conseguir compreender e incorporar a Pedagogia do Brincar em sua prática terá a possibilidade de descobrir que o brincar pode ser um caminho e transformar sua sala de aula em um ambiente de aprendizagem, onde a escuta, o diálogo, a curiosidade, a vontade de aprender, o prazer e a alegria estarão presentes, atuando como facilitadores, transformando sua prática.

Referências

BRASIL. Presidência da República. Casa Civil. Subchefia para Assuntos Jurídicos. *Lei n. 8.069, de 13 de julho de 1990*. Dispõe sobre o Estatuto da Criança e do Adolescente e dá outras providências. Brasília, 1990.

BRASIL. Presidência da República. Casa Civil. Subchefia para Assuntos Jurídicos. *Lei n. 9.394, de 20 de dezembro de 1996*. Estabelece as diretrizes e bases da educação nacional. Brasília, 1996.

BRASIL. Ministério da Educação. *Referencial Curricular Nacional para a Educação Infantil*. Brasília: Ministério da Educação e do Desporto; Secretaria de Educação Fundamental, 1998a. v. 1.

BRASIL. Ministério da Educação. *Referencial Curricular Nacional para a Educação Infantil*. Brasília: Ministério da Educação e do Desporto; Secretaria de Educação Fundamental, 1998b. v. 2.

BRASIL. Ministério da Educação. *Referencial Curricular Nacional para a Educação Infantil*. Brasília: Ministério da Educação e do Desporto; Secretaria de Educação Fundamental, 1998c. v. 3.

BRASIL. Ministério da Educação. Secretaria de Educação Básica. *Parâmetros Nacionais de Qualidade para a Educação Infantil*. Brasília: [*s. n.*], 2006a. v.1.

BRASIL. Ministério da Educação. Secretaria de Educação Básica. *Parâmetros Nacionais de Qualidade para a Educação Infantil*. Brasília: [*s. n.*], 2006b. v. 2.

BRASIL. Ministério da Educação. Conselho Nacional de Educação. Câmara de Educação Básica. *Diretrizes Curriculares Nacionais para Educação Infantil*. Brasília: MEC; SEB, 2010.

BRASIL. Presidência da República. Casa Civil. Subchefia para Assuntos Jurídicos. *Lei n. 12.796, de 4 de abril de 2013*. Altera a Lei n. 9.394, de 20 de dezembro de 1996, que estabelece as diretrizes e bases da educação nacional, para dispor sobre a formação dos profissionais da educação e dar outras providências. Brasília, 2013.

BRASIL. Diretoria de Gestão, Articulação e Projetos Educacionais. Fundo Nacional de Desenvolvimento da Educação. Diretoria de Gestão, Articulação e Projetos

Educacionais. *Elaboração de projetos de edificações escolares*: educação infantil. Brasília: FNDE, 2017a. Manual de Orientações Técnicas, v. 2.

BRASIL. Diretoria de Gestão, Articulação e Projetos Educacionais. Fundo Nacional de Desenvolvimento da Educação. Diretoria de Gestão, Articulação e Projetos Educacionais. *Manual de orientações técnicas*: mobiliário e equipamento escolar para a educação infantil. Brasília: FNDE, 2017b. v. 7.

BRASIL. Ministério da Educação. *Base Nacional Comum Curricular (BNCC)*. Brasília: MEC, 2018.

BROUGÈRE, G. *Brinquedo e cultura*. Tradução: Maria Alice de Sampaio Dória. São Paulo: Cortez Editora, 1995.

COSENZA, R. M.; GUERRA, L. B. *Neurociência e educação*: como o cérebro aprende. Porto Alegre: Artmed, 2011.

DEWEY, J. *Como pensamos*: como se relaciona o pensamento reflexivo com o processo educativo, uma reexposição. Tradução: Hayde Camargo Campos. 4. ed. São Paulo: Editora Nacional, 1979.

FORTUNA, T. R. Brincar é aprender. *In:* GIACOMONI, M. P.; PEREIRA, N. M. (org.). *Jogos e ensino de história* [recurso eletrônico]. Porto Alegre: Editora da UFRGS, 2018. (Série Ensino, aprendizagens e tecnologias).

FORTUNA, T. R. Em busca da pedagogia lúdica: como brincam os professores que brincam em suas práticas pedagógicas? *Revista Eletrônica Ludus Scientiae*, [*s. l.*], v. 3, n. 1, jan./jul. 2019.

FRANCO, M. A. do R. S. Entre a lógica da formação e a lógica das práticas: a mediação dos saberes pedagógicos. *Educação e Pesquisa*, São Paulo, v. 34, n. 1, jan./abr. 2008.

FRANCO, M. A. do R. S. Práticas pedagógicas nas múltiplas redes educativas. *In:* LIBÂNEO, J. C.; ALVES, N. *Diálogos entre didática e currículo*. São Paulo: Cortez Editora, 2012.

FRANCO, M. A. do R. S. Pesquisa-ação pedagógica: práticas de empoderamento e participação. *Educação Temática Digital (ETD)*, Campinas, v. 2, n. 18, abr./jun. 2016.

FRANCO, M. A.a do R. S. Pedagogia e práticas pedagógicas interculturais. *Revista Eletrônica Pesquiseduca*, [*s. l.*], v. 12, n. 27, p. 435-458, maio/ago. 2020.

FRANÇA, E. B. M. M.; DINIZ, C. A influência do afeto no processo de aprendizagem. *In*: VELASQUES, B. B.; RIBEIRO, P. *Neurociências e aprendizagem*: processos básicos e transtornos. Rio de Janeiro: Rubio, 2014.

FRAZZETTO, G. *Alegria, culpa, raiva, amor*: o que a neurociência explica e não explica sobre nossas emoções e como lidar com elas. Tradução: Carolina Coelho. Rio de Janeiro: Agir, 2014.

FREINET, C. *Educação do trabalho*. Tradução: Maria E. G. G. Pereira. São Paulo: Martins Fontes, 1998. (Coleção Psicologia e Pedagogia).

FREIRE, J. B. *Educação de corpo inteiro*: teoria e prática da educação física. 4. ed. 9. reimp. São Paulo: Scipione, 2003. (Coleção Pensamento e ação no magistério).

FREIRE, P. *Pedagogia da autonomia*: saberes necessários à prática educativa. São Paulo: Paz e Terra, 1996.

FREIRE, P. *Pedagogia do oprimido*. 50. ed. Rio de Janeiro: Paz e Terra, 2011a.

FREIRE, P. *Pedagogia da esperança*: um reencontro com a pedagogia do oprimido. 17. ed. São Paulo: Paz e Terra, 2011b.

GOBBATO, C. *Diálogos sobre educação infantil e didática*: por entre distanciamentos e aproximações. 2019. 306 f. Tese (Doutorado em Educação) — Universidade Federal do Rio Grande do Sul, Porto Alegre, 2019.

HUIZINGA, J. *Homo Ludens*: o jogo como elemento da cultura. Tradução: João Paulo Monteiro. 9. ed. rev. e atual. São Paulo: Perspectiva, 2019. (Coleção Estudos).

HOOKS, b. *Ensinando a transgredir*: a educação como prática de liberdade. Tradução: Marcelo Bandão Cipolla. 2. ed. São Paulo: WMF Martins Fontes, 2017.

HOOKS, b. *Ensinando o pensamento crítico*: sabedoria prática. Tradução: Bhuvi Libanio. São Paulo: Elefante, 2020.

KATZ, L. O que podemos aprender com Reggio Emilia? *In*: EDWARDS, C.; GANDINI, L.; FORMAN, G. *As cem linguagens da criança*: a abordagem Reggio Emilia na educação da primeira infância. Tradução: Dayse Batista. Porto Alegre: Penso, 2016.

KISHIMOTO, T. M.; PINAZZA, M. A. Froebel: uma pedagogia do brincar para infância. *In*: OLIVEIRA-FORMOSINHO, J.; KISHIMOTO, T. M.; PINAZZA, M. A.

(org.). *Pedagogia(s) da infância*: dialogando com o passado, construindo o futuro. Porto Alegre: Artmed, 2007.

LEONTIEV, A. Os princípios psicológicos da brincadeira pré-escolar. *In*: VYGOTSKY, L. S.; LURIA, A. R.; LEONTIEV, A. N. *Linguagem, desenvolvimento e aprendizagem*. 11. ed. Tradução: Maria da Pena Villalobo. São Paulo: Ícone, 2010.

MAK, D. *Didática no cotidiano da educação infantil*. 2019. 191 f. Tese (Doutorado em Educação) — Programa de Estudos Pós-graduados em Educação: História, Política, Sociedade, Pontifícia Universidade Católica de São Paulo, São Paulo, 2019.

MOYLES, J. R. *Só brincar?* O papel do brincar na educação infantil. Tradução: Maria Adriana Veronese. Porto Alegre: Artmed, 2002.

MONTESSORI, M. *A mente da criança*: mente absorvente. Lisboa: Portugália, 1971.

NOGUEIRA, S. do N. *Educação infantil*: a escuta pedagógica na formação de professores. São Paulo: Cortez Editora, 2023. (Coleção Docência em formação: educação infantil).

PIAGET, J. *A formação do símbolo na criança*: imitação, jogo e sonho, imagem e representação. 3. ed. Tradução: Álvaro Cabral e Christiano Monteiro Oiticica. Rio de Janeiro: LTC Editora, 1964.

PRESTES, Z. R. *Quando quase não é a mesma coisa. Análise de traduções de Lev Semionovitch Vygotsky no Brasil*: repercussões no campo educacional. 2010. 295 f. Tese (Doutorado em Educação) — Universidade de Brasília, Brasília, 2010.

QUARANTA, S. C. *Professores de educação física na educação infantil*: dificuldades, dilemas e possibilidades. 2015. 282 f. Dissertação (Mestrado em Educação) — Universidade Católica de Santos, Santos, 2015.

QUARANTA, S. C. *O brincar pedagógico*: espaço/tempo de dissonâncias, resistências e possibilidades. 2024. 456 f. Tese (Doutorado em Educação) — Programa de Pós-Graduação *Stricto Sensu* em Educação, Universidade Católica de Santos, Santos, 2024.

SUTTON-SMITH, B. *A ambiguidade da brincadeira*. Tradução: Vera Joscelyne. Petrópolis: Vozes, 2017.

TELES, F. P. *O brincar na educação infantil com base em atividades sociais*: por um currículo não encapsulado. 2018. 216 f. Tese (Doutorado em Educação) — Pontifícia Universidade Católica de São Paulo, São Paulo, 2018.

VYGOTSKY, L. S. A brincadeira e o seu papel no desenvolvimento psíquico da criança. 1ª publicação em 1933. Tradução: Elizabeth Tunes. *Revista Virtual de Gestão e Iniciativas Sociais*, [*s. l.*], n. 8, jun. 2008.

WINNICOTT, D. W. *O brincar e a realidade*. Tradução: Breno Longhi. São Paulo: Ubu Editora, 2019.

CAPÍTULO 9

A Pedagogia da Escuta na perspectiva freiriana — constituindo a escuta pedagógica

Simone do Nascimento Nogueira

Palavras iniciais

> *Não é difícil perceber como há tantas qualidades que a escuta legítima demanda do seu sujeito. Qualidades que vão sendo constituídas na prática democrática de escutar.*
>
> Paulo Freire (2002, p. 135)

Para dialogar sobre uma Pedagogia da Escuta na perspectiva freiriana, primeiramente assumo a Pedagogia como ciência da Educação (Franco, 2008), uma ciência que nos possibilita pressupor a necessária intercomunicação entre pesquisa e transformação, entre teoria e prática, entre consciência e intencionalidade. Simultaneamente, trago os pressupostos da Pedagogia Crítica, na perspectiva freiriana, para cientificizar a escuta como um conhecimento, por meio da pesquisa e do confronto teoria e prática, com intencionalidade de qualificá-la pedagógica.

Nos atributos que a *escuta pedagógica* apresenta, temos muitas sutilezas que começam pelo entendimento do que representa a ação de escutar, pois algo que parece simples e corriqueiro, no contexto das nossas instituições escolares, ainda não se dá com a naturalidade e a fluidez na relação entre aqueles que dão vida à escola.

Escutar ou *auscultare* tem sua origem no latim, carrega consigo o significado de "ouvir com atenção". Logo, podemos ouvir sem efetivamente escutar o outro. É o interesse que nos conecta às pessoas, portanto, para efetivamente escutar a criança, o jovem e o adulto na escola, na universidade e nos demais espaços em que a educação acontece, precisamos nos conectar, nos interessar pela sua narrativa, para compreendê-los. Escutando, mobilizamos aspectos cognitivos que transcendem apenas a captação de sons.

Nessa direção, foi nos princípios humanizadores da Pedagogia Crítica na perspectiva freiriana, que tem centralidade na formação docente, que o verdadeiro sentido da escuta se mostrou. Paulo Freire se posicionou radicalmente contrário à opressão, que é necrófila, e assim também é o silenciamento que obstaculiza a escuta. Em contextos organizados sob a ótica da racionalidade instrumental, a educação bancária é nutrida, apassivando e domesticando as mentes e os corpos, silenciando-os. A Pedagogia freiriana nos mostra que a escuta é uma ação ética e política que decorre da racionalidade problematizadora e que, para assim ser, precisa de mentes e corpos conscientes e participativos pronunciando sua palavra para o mundo, dialogando genuinamente.

Freire (2002) trata da escuta como um saber necessário para o desenvolvimento da prática educativa. Salienta que escutar vai além da nossa capacidade auditiva e que para ela acontecer plenamente, precisamos nos abrir para o outro, para o seu gesto, para as diferenças. Destaca que apenas quem escuta paciente e criticamente o outro fala com ele, e quem aprende de fato a escutar não fala impositivamente. É com fé nos homens, com humildade, tolerância, respeito e disciplina intelectual que poderemos nos abrir para a escuta.

Tais princípios humanizadores foram fundamentais na constituição da *escuta pedagógica*, pensada, investigada e elaborada para se insurgir diante do silenciamento. É uma escuta amorosa, que precisa acontecer a partir do diálogo verdadeiro, desenvolvido em uma situação dialógica. Carece de ser realizada com empatia, ou seja, aquele que escuta o outro precisa estar aberto à sua fala, transcendendo o ato de ouvir para perceber, enxergar e sentir o outro na sua integralidade, escutando principalmente os silêncios. Ela tem o compromisso de ser realizada com a intencionalidade de que a fala do outro seja considerada na tomada de decisão docente, permitindo que ele tenha espaço e oportunidade de colaborar na elaboração e no desenvolvimento do seu próprio processo ensino e aprendizagem (Nogueira, 2023).

Na *escuta pedagógica* há uma prerrogativa: o caminho para sua constituição é uma formação docente crítica. Não há atalhos, não há outra possibilidade. Os professores precisam experimentar escutar com intencionalidade a criança, o jovem e o adulto, e aqui estão incluídos os próprios pares, dentro dessa perspectiva, vivenciando e sentindo uma prática de escuta que humaniza as relações, como preconiza a Pedagogia freiriana. Há urgência em compreendermos a *escuta pedagógica* como um conhecimento, um saber didático, pois nos contextos educacionais estão presentes práticas docentes acríticas que silenciam e oprimem. Um silenciamento que é histórico e abrange a sociedade como um todo, sendo fruto no passado, dentre outros fatores, do período ditatorial, e nessa primeira metade do século XXI, das políticas neoliberais e neoconservadoras de adaptação e controle, que subtraem nossos espaços de fala e, consequentemente, de escuta. Portanto, escutar sob a ótica da Pedagogia da Escuta, subsidiada pelos pressupostos freirianos, pode abrir caminhos para reparações individuais e coletivas, advindas da marginalização sofrida a partir de processos de exclusão sociais e educacionais.

Considero que a *escuta pedagógica* pode destituir o silenciamento do lugar-comum que ocupa, dando visibilidade para a sua invisibilidade. É preciso que este seja um compromisso ético assumido por todos que optam por ser educadores(as), com o propósito de contribuirmos para a constituição de uma educação verdadeiramente inclusiva, democrática e emancipatória.

E, para isso, não precisamos, por exemplo, de grandes inovações tecnológicas ou reeditar metodologias denominando-as ativas. Carecemos, sim, de algo que está ao nosso alcance e que não deveria estar descolado do cotidiano das nossas instituições escolares, que é a PESQUISA. Foi por esse caminho que a *escuta pedagógica* transformou silêncio em voz, humanizando as relações e as práticas docentes.

Meu desejo — e acredito que o de todos que lutam por uma educação progressista e estão caminhando no propósito de contribuir, no cenário da educação nacional, para a melhoria da qualidade do ensino — é não precisar lidar com as práticas silenciadoras, portanto, bancárias, que oprimem crianças, jovens e adultos, e inibem a nossa vocação ontológica em ser mais (Freire, 2016), em pleno século XXI. Mas, infelizmente, isso se faz necessário, e vocês acompanharão adiante o quanto precisamos enfrentar essa realidade.

Expondo um silenciamento histórico e conveniente

Olhar para nossa realidade educacional, com seus avanços e retrocessos, permite-me perceber que precisamos, urgentemente, criar possibilidades de mudanças nas instituições escolares, com a finalidade de transpor as barreiras que dificultam e, por vezes, impedem que uma educação humanizadora se concretize, e isso é sonhar com um mundo melhor. Um mundo em que *escutar* o outro represente uma condição vital para a constituição de relações de respeito, acolhimento e inclusão.

Ao observarmos a realidade, cotidianamente, podemos identificar, a partir de situações que elucidam e ocorrências que validam, o quanto crianças, jovens e adultos, alunos ou professores na dinâmica escolar, são privados e, concomitantemente, distanciam-se de experiências verdadeiramente significativas de aprendizagens para ambos. Isso porque, em muitas situações, impera o não dizer, o não se expressar e, por conseguinte, não ser escutado.

Não falamos apenas por palavras e com palavras. Nós nos expressamos, falamos, com nossos corpos, movimentos, comportamentos, feições que são, por vezes, ignoradas.

A violência presente na sociedade é vista, falada e pouco escutada. Ela invade a escola se manifestando, dentre outras formas, em práticas de *bullying*, como também se manifesta com a crescente privatização da educação que, entre outros fatores, precariza a profissão docente, silenciando-a. O silenciamento das vozes docentes e discentes se revela nos resultados de provas de larga escala que, a cada nova edição, apresentam resultados quantitativos da educação oferecida nas redes públicas de nosso país a partir do Índice de Desenvolvimento da Educação Básica (Ideb), que classifica as instituições de ensino de acordo com as metas estabelecidas.

Dos resultados alcançados, decorrem a busca por explicações e as justificativas, tanto para o que foi considerado baixo desempenho como para o êxito das escolas que atingem as tão almejadas metas. Modelos de sucessos para lidar com as tensões presentes no contexto escolar são divulgados. É salutar dar visibilidade para experiências formativas bem-sucedidas, e essa visibilidade é apoiada pelos meios de comunicação em massa, que fazem isso muito bem. Disseminam boas práticas e experiências positivas como se fosse simples o ato de transpô-las para outros espaços. Mas pergunto: quais foram os contextos em que essas boas práticas se desenvolveram? Quem escutou pedagogicamente os professores de forma que eles pudessem mudar o *status quo* e promover mudanças positivas?

Receitas mágicas que promovam mudanças não existem, é engano, desastroso engano presente no senso comum que, carente de criticidade, não contribui para que a sociedade conheça e se aproprie da realidade escolar, compreendendo que existem muitas realidades presentes em um mesmo contexto, cada qual com suas singularidades e demandas, e que necessitam mais, muito mais que receitas. Os resultados quantitativos relegam princípios básicos, como a escuta, a papéis secundários, sendo que até mesmo na própria formação docente, seja a inicial, seja a continuada, a escuta não é vista como um conhecimento pedagógico e saber didático.

Percebo que os mecanismos de controle que mascaram resultados não carregam consigo as vozes daqueles que, efetivamente, vivenciam o contexto e poderiam externar suas necessidades, expectativas e dificuldades, se escutados pedagogicamente. Repetir sem criticidade *as receitas de sucesso* em situações diversas é ignorar os princípios basilares da Pedagogia, ciência da Educação (Franco, 2008), e da Pedagogia Crítica na perspectiva freiriana, que nos oferecem legitimidade para orientar e constituir uma educação democrática, justa e humanizada; são Pedagogias que precisam ser compreendidas integralmente na sociedade e no contexto das instituições escolares.

Das considerações que trago para refletirmos sobre os sentidos para a escuta e a sua importância no contexto da educação, infiro que há necessidade de resistirmos e nos posicionarmos em uma direção contra-hegemônica ao que vivenciamos, a qual *silenciosamente nos silencia.* Destaco, nesse sentido, as políticas neoliberais[1] e neoconservadoras,[2] que subtraem nossos espaços de reflexão crítica, de fala e escuta sobre o mundo que nos cerca e onde estamos inseridos. Conveniente e intencionalmente, tais políticas desconsideram os saberes da Pedagogia que nos ajudam a organizar ações, reflexões e pesquisas

1. De acordo com Apple e Freire (1998), a racionalidade que sustenta as políticas neoliberais é a econômica. Eficiência e uma "ética" de análise custos-benefícios são as normas dominantes. Para os neoliberais, o mundo na sua essência é um vasto supermercado, a educação é vista como mais um produto, tal como o carro, o pão e a televisão. A educação deve ser um bem privado e deve incorporar competências, conhecimentos e valores necessários a um desempenho que intensifique a competitividade do setor privado.

2. Segundo Apple (2015), os neoconservadores se baseiam em uma visão romântica do passado, um passado em que havia o "verdadeiro saber" que, juntamente à moralidade, reinava, no qual também as pessoas conheciam o seu lugar e as comunidades estáveis, orientadas por uma ordem natural, protegiam-se contra os estragos da sociedade.

na direção das principais demandas educacionais contemporâneas, como a *escuta pedagógica*, que vem no sentido da defesa do direito que crianças, jovens e adultos têm de pronunciar sua palavra, de dialogar verdadeiramente sobre suas realidades.

Ainda como decorrência de políticas públicas que desconsideram as falas da comunidade escolar, vemos crescer na sociedade e, consequentemente, na escola, o individualismo, em vez do sentimento de coletividade. Isso porque a lógica empresarial e retrógrada que adentra a escola pelas políticas mencionadas traz no seu bojo a promoção da competitividade e, em contrapartida, enfraquece o sentimento de coletivo e o bem comum. O silenciamento das vozes atende às expectativas do investimento público, pois, silenciados, não temos voz para exigir infraestrutura adequada, formação docente e salários que verdadeiramente sejam condizentes com a profissão.

Olhar para esse cenário e resistir é necessário, pois nossa voz e nossas narrativas nascem da conscientização sobre a realidade, instigando propostas e ações possíveis de resistência. Entendo que criar novos caminhos pedagógicos não é fácil, mas pode estar ao nosso alcance promover mudanças que venham a garantir que as vozes dos que dão vida à escola ecoem. É possível sonharmos, nos guiarmos pela ambição de mudança para melhorar o que hoje é posto, e criar possibilidades para humanizar as práticas e as relações no contexto da escola, favorecendo a prática da *escuta pedagógica* e sua constituição como *práxis*.

Freire nos coloca que "aceitar o sonho de um mundo melhor e a ele aderir é aceitar entrar no processo de criá-lo. Processo de luta profundamente ancorado na ética" (Freire, 1994, p. 231). Para lutar pelas vozes que são interditadas, é fundamental estar de mãos dadas com a ética, é preciso conceber a reflexão crítica a favor do desnudamento de posturas, atitudes e práticas que abafam/inibem/prejudicam o processo de humanização e as relações que se estabelecem nos espaços escolares. Humanização essa que só faz sentido quando a pensamos sob a perspectiva freiriana, que dá voz à comunidade escolar e estimula a escuta.

É sob esse prisma que a *escuta pedagógica* foi pensada e experienciada, como um sonho que saiu das entranhas do silenciamento vivido por crianças, jovens e adultos, decorrente de uma realidade opressora que origina relações esvaziadas e favorece a manutenção das práticas docentes acríticas que, distanciadas da ética, resistem e insistem em demarcar território no contexto escolar, silenciando e conduzindo a um "pseudoquefazer", desprovido de reflexão e ação de crianças, jovens e adultos, que não questiona, não transforma e não humaniza (Freire, 2016).

Desassossegando a lógica do silenciamento: escutar para quê?

Desassossegar a lógica do silenciamento das vozes de alunos, professores e demais profissionais que atuam nas instituições escolares, mexer em práticas acríticas, que de tão comuns atingem o patamar da naturalização, é algo bastante sensível, que necessita ser evidenciado com o propósito de provocar estranhamento e indignação diante dessa realidade. A ideia que proponho é possível, necessária e viável: desassossegar o silenciamento e promover a Pedagogia da Escuta na perspectiva da Pedagogia freiriana a partir da *escuta pedagógica*. Minha proposta decorre dos estudos que desenvolvi no doutorado em Educação, no contexto da educação básica, *investigando a prática da escuta* nos processos de ensino e aprendizagem e na formação docente.

Entre os motivos que me impulsionaram a desenvolver uma pesquisa nessa direção, estava minha própria experiência profissional na educação. Atuando como professora e coordenadora pedagógica, observava e convivia cotidianamente com uma realidade escolar que oferecia pouco espaço para que as crianças colaborassem e participassem ativamente na elaboração e na construção da rotina escolar diária; suas vozes não tinham espaço para pronunciamento. Investigando, constatei que não era um fenômeno isolado.

Construindo minha *práxis* como pesquisadora, aproximei-me de estudos que mostravam que por trás dos achados de pesquisa estava o silenciamento das crianças. Pesquisas mostravam que a criança é muito observada, mas pouco ouvida, e é por isso que pouco sabemos o que é ser criança na perspectiva dela própria (Souza, 2017). E, ainda, que há pouca investigação na escola sobre o esforço que a criança faz para conhecer o mundo, sobre como constrói suas hipóteses durante as brincadeiras, que há predominância de atividades escritas, apostiladas, que a engessam (Campos, 2017). Diante disso, precisamos questionar a realidade e investigar a criança, seus pensamentos, desejos e mistérios.

São achados de pesquisa bastante emblemáticos, alinhados com os resultados da pesquisa que desenvolvi juntamente a professores que atuavam com crianças pequenas, da pré-escola. A proposta era *escutar intencionalmente* as crianças para conhecer suas impressões, tanto sobre a escola como sobre a prática docente, e a rotina diária que vivenciavam no tempo em que estavam na escola. Na pesquisa de campo, dialogávamos com as crianças sobre seus sentimentos, interesses e pontos de vista quanto aos espaços/tempos escolares e a suas percepções sobre o processo de ensino e aprendizagem, o que achavam difícil de realizar na rotina escolar, entre outros assuntos que surgiam nos momentos de interação, ora individuais, ora coletivos.

Nessa dinâmica investigativo-formativa, organizada a partir da metodologia da Pesquisa-Ação Pedagógica (Franco, 2016)[3] e constituída por meio de encontros formativos durante os Horários de Trabalho Pedagógico Coletivo (HTPC), os docentes puderam elaborar, coletivamente, reflexões críticas sobre a realidade em que estavam inseridos e, no processo dialógico que se desenvolveu, desencadeado pelas análises das narrativas infantis, pelos estudos teóricos que

3. "A pesquisa-ação pedagógica foi concebida por Franco (2016) como uma atitude investigativa, que não se reduz a um mero procedimento de resolução de problemas práticos, mas configura-se com um meio de contribuir com a mudança e percepção do docente em relação às suas práticas. É um conceito que objetiva superar a concepção de colaboração, que pode configurar hierarquia desnecessária de saberes; ou seja, na pesquisa-ação somos todos coparticipantes, e não doutores que colaboram com os sujeitos da prática" (Franco; Betti, 2018, p. 20).

subsidiaram o processo formativo e pelas respectivas experiências construídas no exercício da docência, o silenciamento das crianças na escola veio à tona a partir das falas de diferentes professores.

> "A escola limita a criança de ser criança." "A criança na escola é podada, fazemos fila para ir à biblioteca, ao refeitório, então falamos, põe a mão para trás, vamos em silêncio, vamos um atrás do outro, é muita rigidez, parece exército." "No *modus operandi* que se pratica no senso comum, é só olhar para o educando e despejar a profecia, sem escutá-lo" (Nogueira, 2023, *passim*).

Os docentes tiveram a oportunidade de pesquisar a própria prática, de estudar no contexto da escola, potencializando o espaço institucional conquistado e destinado para esse fim, o HTPC. Com os estudos, os professores vivenciaram o confronto entre teoria e prática, efetivamente experimentaram a pesquisa na dinâmica das atividades que desenvolviam. Tiveram oportunidade de externar, mediante dinâmicas reflexivas, suas dúvidas, curiosidades, crenças e descobertas. O processo investigativo-formativo possibilitou, a partir da constituição de um espaço coletivo, que os docentes se posicionassem de forma consciente e crítica, situação contrária à mera reprodução a que estavam acostumados, ou que foram induzidos a se acostumar.

Mediante as falas e as descobertas, foi possível entender que não há dúvidas quanto à necessidade de *desassossegar* o silenciamento das vozes no contexto escolar, tal como estávamos comprometidos a fazer. Acredito que não há como pensar em uma educação humanizadora, democrática e inclusiva, enquanto não enfrentarmos a realidade silenciadora à qual estamos acostumados, uma vez que nas instituições escolares existe a validação de práticas docentes pensadas de forma unilateral e que carregam, nas suas entranhas, o silenciamento do outro.

Por tudo isso, assumir uma postura contra-hegemônica diante de uma educação que se materializa promovendo a subtração do direito legítimo do pronunciamento das vozes discentes e docentes, obstaculizando e inibindo a participação do outro, é um ato de resistência que exige de nós a adesão a uma Pedagogia engajada com a formação humana, nos campos teórico e prático.

Uma Pedagogia que subsidie a elaboração de compreensões sobre como ocorrem a construção e a apropriação de conhecimentos, ideias, valores e atitudes que contribuem para que ocorra a emancipação dos sujeitos, como também a transformação das relações de dominação. Franco (2017) atribuiu à Pedagogia Crítica, na perspectiva freiriana, tal potencial, e que também atribuí, vivenciando-a como professora e pesquisadora, na direção de desvelar, compreender e superar a violência do silenciamento das vozes de crianças e professores no contexto escolar. *Sim, não escutar o outro é uma violência!* A Pedagogia da Escuta na perspectiva freiriana nos ajuda a compreender o silenciamento sob este ângulo.

Seus pressupostos sustentam propostas, ações e práticas de enfrentamento da violência apontada, tendo em vista que ela enuncia a tese sobre as concepções bancária e libertadora da educação, que representam, por sua vez, uma completa teoria da violência escolar, na medida em que Paulo Freire, além de desenvolver uma crítica da educação violenta, também propõe uma educação libertadora (Andrade, 2017).

A Pedagogia Crítica freiriana — a Pedagogia da Escuta, a Pedagogia que escuta

Nos princípios que organizam a Pedagogia Crítica na perspectiva freiriana, encontramos os sentidos para o que proponho: escutar o outro pedagogicamente. A Pedagogia Crítica representou o campo teórico e prático em que a escuta pedagógica foi pensada, discutida, investigada, constituída e anunciada.

A *escuta pedagógica* é o anúncio de uma possibilidade de transformação de uma realidade em que as vozes são interditadas para outra na qual o pronunciamento seja incentivado, acolhido, respeitado e compreendido como um direito de participação ativa no processo ensino-aprendizagem. E, ainda, a *escuta pedagógica* anuncia uma realidade que pode vir a ser mais humana e mais democrática, portanto, inclusiva e emancipatória, e ao compreendê-la nessa dimensão, podemos apreciar a sua boniteza.

> Para mim, uma das bonitezas do anúncio profético está em que não anuncia o que virá necessariamente, mas o que pode vir, ou não. Na real profecia, o futuro não é inexorável, é problemático. Há diferentes possibilidades de futuro. [...] contra qualquer tipo de fatalismo, o discurso profético insiste no direito que tem o ser humano em comparecer à História não apenas como seu objeto, mas também como seu sujeito (Freire, 2000, p. 119).

Se o futuro não é inexorável, desassossegar o silenciamento se faz necessário e possível. As práticas acríticas, silenciadoras, são desumanas, pois fazem do outro seu objeto. Manifestam-se não apenas nos que têm sua humanidade roubada, mas também, de forma diferente: naqueles que a roubam, representando a distorção do ser mais (Freire, 2016). Tendo em vista que o silenciamento, de tão naturalizado, não é notado ou, até mesmo, é convenientemente invisibilizado, podemos depreender que o professor não percebe sua prática autoritária, que domestica e ajusta o educando ao esperado, inibindo, por exemplo, sua curiosidade, e nesse movimento, tolhe, igualmente, sua própria curiosidade (Freire, 2002).

A investigação da própria prática, na qual o professor constitui seu saber fazer a partir do seu próprio fazer, com a mediação da pesquisa educacional e a ação reflexiva docente, movimento que é a base da epistemologia da prática (Pimenta, 2014), oportunizou estudos, gerou reflexões críticas, permitindo que os educadores confrontassem, discutissem, questionassem a própria prática diante da realidade em que atuavam. Dessa forma, os docentes no processo investigativo foram forjando, aos poucos, novos olhares sobre questões para as quais eles não dedicavam atenção e que foram, gradativamente, desassossegadas pelos professores participantes da pesquisa-ação pedagógica.

Um vídeo (Dunker, 2017) empregado no processo formativo gerou um diálogo verdadeiro, o qual evidenciou o quanto os professores precisavam de momentos em que pudessem refletir, que precisavam de oportunidades para construir suas próprias compreensões coletivamente, reflexões que mostraram que era necessário provocar para que aquilo que não era percebido pudesse ser notado.

> **Ruth:** O vídeo fala para sairmos dessa relação de poder que estabelecemos com a criança. Para sairmos dessa relação de poder, precisamos ouvir o outro. [...] Escuta não é confronto, não é duelo, mas sim junção, uma complementação, uma coisa harmoniosa.
> **Ferreira:** Uma troca, não é?
> **Ruth:** Sim, uma troca, um movimento circular, sem orgulho ou vaidade.
> **Magali:** Não é como nós fazemos na sala de aula. Nós perguntamos: qual é esse número? E nós mesmos damos a resposta: é o cinco, não é? Às vezes eu me pego pensando assim: é o que eu tenho a falar para a criança que é importante, ou o que o aluno tem a falar que é importante? (Nogueira, 2023, p. 74, grifos da autora).

A escuta foi desassossegando os hábitos automatizados que impedem que a racionalidade problematizadora, que se opõe à ideia de que os homens não são corpos vazios, mas corpos conscientes que indagam, refletem, contrapõem-se e criam, conquiste espaços na lógica em que os professores elaboram suas práticas, impedindo também que a mente funcione epistemologicamente. Porém, à medida que foram transitando da curiosidade ingênua para a epistemológica, o que favoreceu que os professores se armassem, resultando tanto na busca pela razão de hábitos automatizados como em um quefazer humanista e libertador que construiu caminhos para a emancipação (Freire, 2016), perceberam o quão silenciados e silenciadores foram e/ou eram. Assim, no processo de amadurecimento intelectual, os docentes foram se comprometendo com a mudança: "Eu percebia os alunos, mas, não os ouvia, não os escutava, e não valorizava essa prática; com nossos estudos, fiquei mais atento à escuta e tive uma mudança de atitude na prática diária das minhas aulas" (Nogueira, 2023, p. 76).

Diante do exposto, há a certeza de que é possível mexer com aquilo que parece quieto, mas está latente; precisamos mexer no silenciamento, não podemos mais esperar. Afirmo, mediante a experiência da qual decorreu a constituição da escuta como pedagógica, que é a partir de processos formativos críticos e coletivos, preferencialmente no contexto das escolas, que a escuta pode se constituir pedagógica. Os professores podem, necessitam e têm o direito de estudar e pesquisar a própria prática, para construir conhecimentos sobre ela, formando-se a partir da compreensão da sua realidade, conforme enfatizou uma das professoras.

> Quando você tem um coletivo que pensa, observa, troca, reflete junto, a coisa fica mais leve, com certeza. Sozinha reflito e permaneço com minhas certezas, ouvindo e percebendo o outro, tirando dúvidas, é que evoluo e reinvento minha prática (Nogueira, 2023, p. 135-136).

Freire (2016), ao discorrer sobre a Teoria da Ação Dialógica, coloca o que parece óbvio dizer: que o homem não aprende a nadar em uma biblioteca, mas sim na água. Nessa mesma direção, vale acrescentar e afirmar que é no contexto das instituições escolares que o professor poderá, a partir da realidade em que está imerso, constituir seu quefazer, aprender que a pesquisa é a base para sua constituição identitária, que ela é sua aliada e, sem ela, não é possível constituir uma prática pedagógica orientada pela escuta, ou seja, a práxis da escuta. Esse processo foi manifestado pelos professores que destacaram a importância do processo vivido para que a escuta pedagógica fosse constituída:

> Os nossos encontros trouxeram para a nossa prática uma consequência muito boa. Porque escutar a criança, em suas diferentes linguagens, e

> poder partilhar, compartilhar com os colegas, ajuda muito a refletir sobre a prática que adotamos (Nogueira, 2023, p. 134).
>
> A interpretação que tenho hoje, distanciada daqueles encontros, é que ficou muito aprendizado. [...] nos encontros alimentamos esperança, neles foi possível compartilhar angústias. Então, foi super-rico. Penso todos os dias em melhorar a minha prática, a organização da rotina, dos tempos de aprendizagem, porque são momentos ricos de escuta (Nogueira, 2023, p. 44).
>
> Me senti útil durante todos encontros. A metodologia acrescentou experiência à prática de cada participante. Atentar mais cuidadosamente para as falas das crianças e seus significados, para o silêncio e suas escolhas, foram mudanças inseridas na minha prática (Nogueira, 2023, p. 141).

A Pedagogia da Escuta sob a perspectiva freiriana proporcionou compreender o sentido da escuta como um saber didático, o porquê escutar, para que escutar e como escutar. E essa compreensão faz toda a diferença quando trazemos a *escuta pedagógica* como princípio humanizador e inclusivo.

A esse respeito, ressalto um momento significativo da pesquisa quando, dialogando com uma criança de cinco anos de idade, escutando-a individualmente, ao ser questionada sobre o que estava fazendo e as razões de estar fazendo o que fazia, ela prontamente respondeu que estava fazendo lição e complementou com as seguintes explicações: "Essa lição que tô fazendo agora é bem difícil. Essa lição tem que fazer cinco flores, cinco flores rosas e quatro amarelas. Estou fazendo isso porque a professora mandou. É para aprender a estudar" (Nogueira, 2023, p. 10 — texto adaptado).

Percebe-se, diante da narrativa da criança, o quão fortemente estamos preparando apenas espectadores do mundo, adaptando e ajustando ao que está posto, exatamente dentro da lógica perversa e silenciadora da educação bancária. Tal situação demonstra muito claramente uma educação praticista, sustentada pela Pedagogia das Competências, voltada para o saber fazer e orientada pela racionalidade instrumental, oposta à Pedagogia problematizadora na qual a *escuta pedagógica* está alicerçada. Precisamos recriar o mundo, para isso, precisamos escutar dialogando!

O diálogo verdadeiro, que necessita acontecer intrinsecamente com a escuta, é o encontro em que se solidarizam o refletir e o agir entre as partes que dialogam, sobre o mundo que as cerca, na direção de transformar e humanizar. O diálogo, para assim ser denominado, não pode ser um ato de depositar ideias a serem apenas consumidas pelo outro, de forma acrítica (Freire, 2016). Então, precisamos nos questionar: escutamos? Como escutamos? Nossa escuta está fundamentada em quais princípios?

Essas indagações vêm na direção de provocar reflexões sobre a Base Nacional Comum Curricular de Educação Infantil (BNCC-EI), que traz a escuta em um dos cinco campos de experiência na qual está organizada, intitulado: "Escuta, fala, pensamento e imaginação". Sua proposta está alicerçada na Pedagogia das Competências, uma Pedagogia fundamentada no saber fazer, que orientada pela racionalidade instrumental pode vir a obstaculizar a delicadeza, as peculiaridades que precisam existir entre escutar as crianças e acolher suas falas, permitindo que ela seja colaboradora nos seus processos de aprendizagem.

A BNCC-EI trata a ação de escutar de forma simplória, utilitária e mecânica, uma vez que evidencia que tal escuta deve ser compreendida e realizada sob a ótica de um saber fazer, sem adentrar nas especificidades do que representa verdadeiramente uma experiência. Precisamos estar atentos às propostas inovadoras, pois elas podem vir apenas reeditando a lógica instrumental ainda tão enraizada na educação.

A Pedagogia que sustenta a racionalidade instrumental não objetiva o desenvolvimento de uma educação libertadora, que faz com que as pessoas sejam mais conscientes, livres e humanas, mas propaga uma educação bancária que torna as pessoas alienadas, dominadas, oprimidas, submetidas a situações e processos de desumanização. Pensada, investigada, elaborada, constituída e anunciada a partir dos pressupostos enunciados na Pedagogia Crítica freiriana, a *escuta pedagógica* representa a rebeldia que pode nos inspirar a resistir aos poderes que promovem o silenciamento de homens e mulheres, crianças, jovens e adultos, alunos e professores no contexto das instituições escolares. Denunciar o silenciamento das vozes e anunciar a escuta em sua dimensão pedagógica representam esperançar, mover-se na direção de transformações que podem culminar na *práxis* da escuta, a *práxis* transformadora.

A escuta pedagógica — emergindo a partir dos seus sentidos

Foi preciso experimentar a escuta, vivenciá-la na rotina escolar para construir sentidos para a prática de escutar. Aprendendo a escutar, respeitando os tempos da criança, elaborando estratégias, ora individuais, ora coletivas, os docentes foram desembutindo da própria prática os sentidos de ser dessa prática, ou seja, foram desembutindo da prática de escutar o sentido pedagógico da escuta. A dimensão trazida pela ideia de que a escuta pode oportunizar, para aquele que a exercita, a possibilidade de desembutir algo, algo que não é palpável, não é material, mas que é percebido e sentido, vem perspectivar a escuta como uma ação que pode "desocultar", permitindo que aquele que fala possa externar o que sente, independentemente da sua condição, fase de desenvolvimento ou, ainda, circunstâncias.

Com o processo formativo, o olhar dos docentes foi ampliado; especificamente sobre as questões da educação inclusiva, as posturas frente às necessidades especiais se humanizaram. Foi marcante o quanto a mudança de atitude diante das diferentes demandas escolares contribuiu para a construção do processo de conscientização. Transcrevo, a seguir, o relato (na íntegra) de uma participante da pesquisa, pois sua síntese representa a essência da *escuta pedagógica.*

> Recebi este ano uma criança com Síndrome de Down, que não tem nenhum atendimento fonoaudiológico. O adulto que a acompanha no refeitório pede que ela sente. Ela senta, mas ela só quer jogar o corpinho

> dela no banco, quer ficar embaixo da mesa. A atitude do adulto é insistir: senta, é aqui que senta, olha seus amigos, e fica naquele cabo de guerra. Por conta dessas situações, eu optei em fazer a refeição e a escovação junto com meus alunos, pois eu relaciono esta situação com a questão da escuta. Nos nossos encontros, nós tínhamos levantado essa questão, a escuta é escutar o sorriso, uma cabeça baixa, um olhar perdido, qualquer gesto que a criança venha a fazer. Não é só quando ela fala ou pergunta, mas a escuta de uma forma geral. Escutar a criança naquele momento em que ela está no refeitório faz com que eu tenha outra abordagem [...] saber, conhecer conceitos, saber sobre desenvolvimento, saber que é possível dentro de um contexto social ter uma aprendizagem e eu não ficar esperando que essa criança se apresente como todas as demais, mas sim considerar todo um contexto diferente e ter esse olhar de investigação. [...] A questão da escuta para mim fica claro quando nós permitimos que a criança possa nos demonstrar como ela pensa, como ela age e como ela consegue fazer (Profa. Magali *apud* Nogueira, 2021, p. 189).

A conscientização quanto à importância de escutar a criança, conhecê-la de forma integral e também a percepção de que ela tem o direito de ser colaboradora do seu processo de ensino e aprendizagem são trazidas na narrativa docente. A conscientização emergiu do processo de investigação da própria prática, mostrando o engajamento com a ação transformadora. Freire acrescenta sobre a conscientização: "[...] que não para no reconhecimento puro, do caráter subjetivo, da situação, mas pelo contrário, prepara os homens, no plano da ação, para a luta contra obstáculos à sua humanização" (Freire, 2012, p. 114).

Investigar a própria prática a partir da escuta mostrou exatamente isso. Colocações externadas pelos docentes que investigaram a escuta, que se referiam a "nunca abandonar a prática da escuta", dialogar com a criança, para ajudá-la e, assim, "não oprimi-la", como também considerar a escuta como uma "bússola" para orientar a constituição da *escuta pedagógica*, nos mostram que é possível caminharmos aprendendo em comunhão, uns com os outros, alunos, professores, e também aprender com os próprios pares. Pode ocorrer a coparticipação na elaboração das práticas pedagógicas. Isso é viável e acima de tudo ético. Conforme afirmei, é possível transformar a escola e reparar, no contexto educacional, os prejuízos e os traumas decorrentes do silenciamento. Pode-se oportunizar para nossos alunos, sejam eles crianças, jovens e adultos, e para nossos professores, uma educação respeitosa que garanta o direito de fala, de escuta, que estimule e acolha a sua participação. Uma educação humanizada, libertadora e democrática a partir da Pedagogia da Escuta na perspectiva freiriana.

Palavras finais

A Pedagogia da Escuta sob a perspectiva freiriana, a partir da escuta pedagógica, trouxe contribuições que evidenciaram a necessidade de avançarmos na construção de práticas docentes que respeitem a fala de crianças, jovens e adultos. Podemos, dialogando verdadeiramente com o outro, escutando-o com amorosidade, empatia e respeito, estimular, no contexto dos espaços em que a educação se materializa, a solidariedade, promover a participação e a colaboração.

A *escuta pedagógica* representa uma prática de resistência frente ao individualismo e às políticas neoliberais. Representa a busca pela superação da indiferença perante as especificidades e as dificuldades de cada criança, jovem e adulto, que contribui para o engessamento das práticas docentes e a permanência das posturas acríticas e silenciadoras das diferentes vozes que constituem a escola.

Assumir a *escuta pedagógica* como uma possibilidade real de conhecermos o outro para juntos construirmos uma educação para todos e com todos, que atenda às demandas urgentes do nosso século, de nos constituirmos mais solidários, mais unidos, mais humanos, é acreditar que é possível construir um mundo mais justo, que podemos fazer diferente e melhor do que o que está posto; é esperançar, crendo que o sonho de um mundo melhor nasce das entranhas do seu contrário (Freire, 1994), e assim fizemos ao investigar prática docente escutando o outro.

Referências

ANDRADE, F. C. B. de. Verbete: violência. *In*: STRECK, D. R.; REDIN, E.; ZITKOSKI, J. (org.). *Dicionário Paulo Freire*. 3. ed. Belo Horizonte: Autêntica, 2017.

APPLE, M.; FREIRE, P. Neoliberalismo e educação. *In*: APPLE. M.; NÓVOA, A. *Paulo Freire*: política e pedagogia. Portugal: Porto Editora, 1998.

APPLE, M. Produzindo diferença: neoliberalismo, neoconservadorismo e a política de reforma educacional. *Linhas Críticas*, Brasília, DF, n. 46, p. 606-644, set./dez. 2015.

BRASIL. Ministério da Educação. Secretaria de Educação Básica. *Base Nacional Comum Curricular*. Etapa da Educação Infantil — BNCC-EI. Versão final. Brasília, 2018. Disponível em: http://basenacionalcomum.mec.gov.br/images/BNCC_EI_EF_110518_versaofinal_site.pdf. Acesso em: 11 nov. /2024.

CAMPOS, E. E. C. Infância e práticas pedagógicas: reflexões na formação com professores, *In*: FRANCO, M. A. do R. S. F.; GILBERTO, I. J. L.; CAMPOS, E. F. C. (org.). *Práticas pedagógicas*: pesquisa e formação. São Paulo: Edições Loyola, 2017.

DUNKER, C. *Como aprender a escutar o outro*. 4 jul. 2017. Disponível em: https://www.youtube.com/watch?v=Zo-jk4kVtE8. Acesso em: março de 2025.

FRANCO, M. A. do R. S. *Pedagogia como ciência da educação*. 2. ed. São Paulo: Cortez Editora, 2008.

FRANCO, M. A. do R. S. Pesquisa-ação pedagógica: práticas de empoderamento e participação. *Educação Temática Digital (ETD)*, Campinas, v. 2, n. 18, abr./jun. 2016.

FRANCO, M. A. do R. S. Da necessidade/atualidade da Pedagogia Crítica, contributos de Paulo Freire. *Reflexão e Ação*, Santa Cruz do Sul, v. 24, n. 2, maio/ago. 2017.

FRANCO; M. A. do R. S.; BETTI, M. Pesquisa-ação pedagógica: por uma epistemologia de sua prática. *In*: FRANCO, M. A. do R. S.; PIMENTA, S. G. (org.). *Pesquisa em educação*: a pesquisa-ação em diferentes feições colaborativas. São Paulo: Edições Loyola, 2018.

FREIRE, P. *Cartas a Cristina*. Rio de Janeiro: Paz e Terra, 1994.

FREIRE, P. *Educação como prática da liberdade*. 23. ed. Rio de Janeiro: Paz e Terra, 1999.

FREIRE, P. *Pedagogia da indignação*: cartas pedagógicas e outros escritos. São Paulo: Fundação Editora Unesp, 2000.

FREIRE, P. *Pedagogia da autonomia*. 23. ed. São Paulo: Paz e Terra, 2002.

FREIRE, P. *Professora sim, tia não*: cartas a quem ousa ensinar. 62. ed. Rio de Janeiro: Paz e Terra, 2012.

FREIRE, P. *Pedagogia do oprimido*. 62. ed. Rio de Janeiro: Paz e Terra, 2016.

NOGUEIRA, S. N. *Escuta pedagógica*: uma possibilidade formativa de ressignificação da prática docente na educação infantil. 2021. Tese (Doutorado em Educação) — Universidade Católica de Santos, Santos, 2021.

NOGUEIRA, S. N. *Educação infantil*: a escuta pedagógica na formação de professores. São Paulo: Cortez Editora, 2023.

PIMENTA, S. G. Epistemologia da prática: ressignificando a Didática. *In*: FRANCO, M. A. S.; PIMENTA, S. G. (org.). *Didática*: embates contemporâneos. 3. ed. São Paulo: Edições Loyola, 2014.

SOUZA, A. R. de S. Qual o lugar da infância na escola? *In*: SEMINÁRIO INTERNACIONAL INFÂNCIAS SUL-AMERICANAS: CRIANÇAS NAS CIDADES, POLÍTICAS E PARTICIPAÇÃO, 2017, São Paulo. *Anais* [...]. São Paulo: Faculdade de Educação da Universidade de São Paulo, 2017. Disponível em: http://www4.fe.usp.br/wp-content/uploads/infanciasok.pdf. Acesso em: 12 nov. 2024.

Sobre os organizadores e a organizadora

Maria Amélia do Rosário Santoro Franco — Pós-doutora em Pedagogia. Doutora em Educação pela Universidade de São Paulo, com foco em Didática e em Práticas Educativas. Atua como professora titular e pesquisadora do Programa de Pós-Graduação em Educação da Universidade Católica de Santos. Líder do Grupo de Pesquisa Pedagogia Crítica: Práticas e Formação, da Universidade Católica de Santos, e vice-coordenadora da Cátedra Paulo Freire na mesma instituição.

E-mail: ameliasantoro@uol.com.br
Orcid: http://orcid.org/0000-0003-3867-5452
Lattes: http://lattes.cnpq.br/3600560690195448

Emerson Augusto de Medeiros — Pós-doutor em Educação pela Universidade de Brasília (UnB). Doutor em Educação pelo Programa de Pós-Graduação em Educação da Universidade Estadual do Ceará (Uece). Professor adjunto da Universidade Federal Rural do Semiárido (Ufersa). Docente permanente do Programa de Pós-Graduação em Ensino (PosEnsino) da Ufersa e do Programa de Pós-Graduação em Educação e Ensino (PPGEEN) da Uece. Líder do Grupo de Pesquisa em Formação Docente da Ufersa.

E-mail: emerson.medeiros@ufersa.edu.br
Orcid: https://orcid.org/0000-0003-3988-3915
Lattes: http://lattes.cnpq.br/5799425932852626

Jefferson da Silva Moreira — Doutor em Educação pelo Programa de Pós-Graduação em Educação da Universidade Federal de São Paulo (Unifesp). Membro do Núcleo de Estudos e Pesquisas sobre Formação de Professores (Nufop). Professor assistente da área de Política Educacional do Departamento de Educação (Dedu) da Universidade Estadual de Feira de Santana (UEFS), atuando nos cursos de licenciaturas e no Programa de Pós-Graduação em Educação (PPGE/UEFS).

E-mail: jsmoreira@uefs.br
Orcid: https://orcid.org/0000-0002-5918-7928
Lattes: http://lattes.cnpq.br/6299718397135208

Sobre os autores e as autoras

Maria Amélia Santoro Franco — Pós-doutora em Pedagogia e Prática Docente pela Universidade de Paris VIII (UP-VII). Doutora em Educação pela Universidade de São Paulo (USP). Professora titular e pesquisadora do Programa de Pós-Graduação em Educação da Universidade Católica de Santos (Unisantos).

Emerson Augusto de Medeiros — Professor adjunto da Universidade Federal Rural do Semiárido (Ufersa), em Mossoró, Rio Grande do Norte. Docente permanente do Programa de Pós-Graduação em Ensino, em associação com a Universidade Estadual do Rio Grande do Norte, a Universidade Federal Rural do Semiárido e o Instituto Federal de Educação, Ciência e Tecnologia do Estado do Rio Grande do Norte (POSENSINO/UERN/Ufersa/IFRN), e do Programa de Pós-Graduação em Educação e Ensino da Universidade Estadual do Ceará (PPGEEN/UECE).

Jefferson da Silva Moreira — Doutor em Educação pelo Programa de Pós-Graduação em Educação da Universidade Federal de São Paulo (Unifesp). Professor assistente da área de Política Educacional do Departamento de Educação (Dedu) da Universidade Estadual de Feira de Santana (UEFS), atuando nos cursos de licenciaturas e no Programa de Pós-Graduação em Educação (PPGE) da UEFS.

Danilo Romeu Streck — Professor da Universidade de Caxias do Sul. Realizou seu doutoramento em Educação na Universidade de Rutgers, em Nova Jérsei, e estágios de pós-doutorado na Universidade da Califórnia, em Los Angeles, e no Max-Planck Institute for Human Development, em Berlim. Coordena a Cátedra Unesco em Educação para a Cidadania Global e Justiça Social, sediada na Universidade de Caxias do Sul.

David Moises Barreto dos Santos — Doutor em Difusão do Conhecimento pela Universidade Federal da Bahia (UFBA). Professor titular da Universidade Estadual de Feira de Santana (UEFS), atuando no curso de Engenharia da Computação e no Programa de Pós-Graduação em Educação (PPGE) da UEFS.

Henry Armand Giroux — Doutor em História pela Carnegie Mellon University, Pensilvânia, Estados Unidos. Professor da Universidade McMaster, Canadá.

Ivan Fortunato — Professor da Coordenadoria de Formação Pedagógica do Instituto Federal de São Paulo, *campus* Itapetininga (SP).

João Colares da Mota Neto — Professor da Universidade do Estado do Pará (Uepa). Realizou estágios de pós-doutoramento na Universidad de Sevilla e na Universidad de Málaga, na Espanha; doutorado na Universidade Federal do Pará, com doutorado sanduíche na Universidad Pedagógica Nacional de Colombia. É coordenador da Rede de Pesquisa sobre Pedagogias Decoloniais na Amazônia, coordenador adjunto da Cátedra Paulo Freire da Amazônia e integrante da coordenação colegiada da Cátedra Sérgio Vieira de Mello, da Uepa. Atualmente, é bolsista de pós-doutorado sênior (Conselho Nacional de Desenvolvimento Científico — CNPq) junto à Universidade de Caxias do Sul, sob a supervisão do Prof. Dr. Danilo R. Streck.

Marta Alencar dos Santos — Doutora e mestra em Educação pela Universidade Federal da Bahia (UFBA). Possui graduação em Pedagogia pela Universidade do Estado da Bahia (Uneb). Professora da Universidade Estadual de Feira de Santana (UEFS) e professora aposentada da Educação Básica.

Osmar Hélio Alves Araújo — Professor da Universidade Federal do Piauí (UFPI). Docente permanente do Programa de Pós-Graduação em Educação da UFPB. Coordenador do Grupo de Pesquisa: LACONEX@O/UFPI — Laboratório de práticas, estudos e pesquisas em formação de professores — Universidade e Escolas de Educação Básica.

Silvia Cinelli Quaranta — Doutora em Educação pela Universidade Católica de Santos (Unisantos). Professora da Educação Básica no município de Praia Grande (SP).

Simone do Nascimento Nogueira — Doutora em Educação pela Universidade Católica de Santos (Unisantos). Membro do Grupo de Pesquisa Pedagogia Crítica: Práticas e Formação, vinculado ao Programa de Pós-Graduação em Educação da Unisantos.

Vera Maria Candau — Graduada em Pedagogia pela Pontifícia Universidade Católica do Rio de Janeiro (PUC-Rio). Possui doutorado e pós-doutorado em Educação pela Universidad Complutense de Madrid. É professora emérita do Departamento de Educação da PUC-Rio. Coordena o Grupo de Pesquisa Cotidiano, Educação e Cultura(s) — Gecec. Pesquisadora sênior do Conselho Nacional de Desenvolvimento Científico (CNPq), até 2022.

LEIA TAMBÉM

DIDÁTICA CRÍTICA NO BRASIL

Selma Garrido Pimenta, Andréa Maturano Longarezi e Roberto Valdés Puentes (Orgs.)
328 páginas • Formato: 16 x 23
ISBN: 978-65-5555-434-2
1ª edição (2023)

“Semifinalista Jabuti Acadêmico 2024 - categoria Educação e Ensino”. Reunindo importantes estudiosos e se debruçando sobre uma ampla gama de abordagens didáticas, esta obra amplia a terceira onda crítica da didática em nosso país. Aqui está traduzido um enorme esforço de vários coletivos de pesquisadores e professores que têm empreendido uma luta histórica de valorização do campo e mostram aqui a sólida, consistente e crítica posição da didática no Brasil, que precisa ocupar as agendas das políticas públicas no país e alcançar os processos de organização da atividade pedagógica na escola, princípio e finalidade da didática enquanto ciência da Educação.

LEIA TAMBÉM

PEDAGOGIA: teoria, formação, profissão

Selma Garrido Pimenta e José Leonardo Rolim de Lima Severo (Orgs.)

360 páginas • Formato: 16 x 23

ISBN: 978-65-5555-108-2

1ª edição (2021)

O livro reúne textos que tecem diálogos formulados a partir do reconhecimento do caráter científico da Pedagogia, de sua condição de saber especializado sobre educação e do curso de Pedagogia como lócus de formação de pedagogos(as) com estatuto profissional específico, para atuação dentro e fora das escolas, cujo perfil engloba saberes e habilidades necessárias para a ação educativa, visando o desenvolvimento humano e social sob finalidades emancipatórias. Aposta-se que um olhar da Pedagogia em torno de si mesma, como campo epistêmico, pode provocar a emergência de questões que favorecem o resgate e o fortalecimento da discussão acerca da identidade desse campo, do curso homônimo e do(a) profissional que nele se insere.

Impressão e Acabamento:
EXPRESSÃO & ARTE
EDITORA E GRÁFICA
www.graficaexpressaoearte.com.br